conosco un posto

Testi di: Viola Bergamo, Lucia Brusco, Alice Caprotti, Carlotta Coppo, Dario Cosentino, Elisabetta De Candia, Giorgia Ferrais, Tommaso Prada, Caterina Zanzi

Illustrazioni di copertina e interni: Sara Gorini
Progetto grafico: Studio PYM
Selezione immagini: Carlotta Coppo
Copertina: Andrea Balconi
Coordinamento editoriale: Marco Figini
Redazione: Laura De Tomasi, Francesca Cianfrocca

Per le fotografie consultare i crediti a pagina 293

ISBN: 978-88-9367-861-2

Per essere informato sulle novità del Gruppo editoriale Mauri Spagnol visita: www.illibraio.it

Magazzini Salani è un marchio di Adriano Salani Editore s.u.r.l.

www.magazzinisalani.it

conosco un posto

MILANO

INTRODUZIONE

La citazione a cui ci siamo ispirati battezzando il nostro blog 'Conosco un posto' arriva da una canzone che amiamo smisuratamente e che apre la strada a una considerazione che riguarda la città in cui viviamo, e a cui siamo affezionati altrettanto smisuratamente:

'Conosco un posto nel mio cuore dove tira sempre il vento'
cantava Lucio Dalla.

A Milano, il vento non tira quasi mai,
ma in compenso la città è piena di luoghi magici.

Luoghi magici. In questi anni ne abbiamo condivisi centinaia, forse anche migliaia. Il progetto *Conosco un posto* si è ingrandito con costanza, ha conquistato il mondo digitale (dal sito ai social network), quello 'reale' (con i tour e gli eventi) e ha dato vita a una piccola redazione. Ogni giorno racconta ai suoi lettori di ristoranti, luoghi, mostre, musei, app, negozi, eventi e viaggi con la stessa passione e lo stesso stile di quando il blog è nato, nel novembre del 2014.

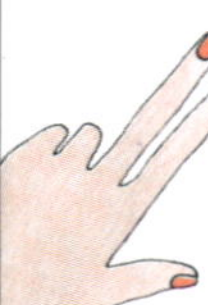

Oggi *Conosco un posto* si accinge a compiere sette anni e abbiamo pensato che i tempi fossero maturi per fare un altro piccolo passo: entrare in libreria, in punta di piedi, ma con intraprendenza. Questa prima guida cartacea rappresenta dunque una sfida e un nuovo modo di raccogliere i nostri contenuti, ma anche una nuova possibilità per chi già ci conosce o per chi, invece, ancora non si è imbattuto nelle nostre pagine online.

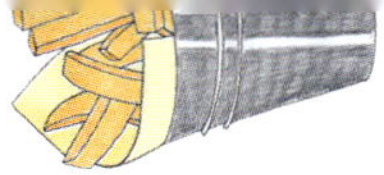

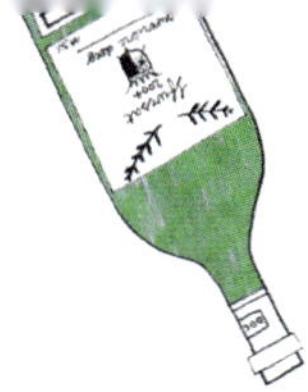

State per scoprire un compendio di oltre 500 tra i posti più significativi e meritevoli in città. Riordinarli e selezionarli non è stato semplice né immediato. Quando abbiamo iniziato a impostare i contenuti, ci siamo interrogati soprattutto su come essere efficaci su carta, rispettando appieno la nostra anima e il nostro modo di comunicare con i lettori. Abbiamo quindi deciso di non seguire una logica di 'quartiere' o posizione, ma di raggruppare i luoghi per tipologia e stile, privilegiando l'approccio editoriale a quello logistico o 'a itinerari', tipico delle guide turistiche più canoniche.

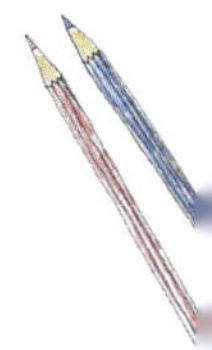

Questo è un libro pensato e scritto per chi vive a Milano, per chi la vivrà, per chi ha pianificato un weekend e persino per chi ci verrà anche solo una volta per lavoro. Quello che, ci auguriamo, accomunerà i lettori è la voglia di vivere e guardare alla città con curiosità, andando alla scoperta dei percorsi meno battuti e delle piccole 'cose speciali'.

Un'ultima, doverosa, precisazione: non possiamo sorvolare sul periodo che stiamo attraversando. Milano è una città che cambia, per vocazione e natura, ma in questi mesi lo sta facendo – volente o nolente – ancora di più. Tutte le informazioni sono infatti valide e verificate nel momento in cui scriviamo, ma potrebbero facilmente subire alcune variazioni. Così come alcuni negozianti e ristoratori potrebbero optare per trasformarsi, spostarsi o addirittura... reinventarsi. In bocca al lupo a tutti e tutte, e buona lettura a voi!

Caterina Zanzi

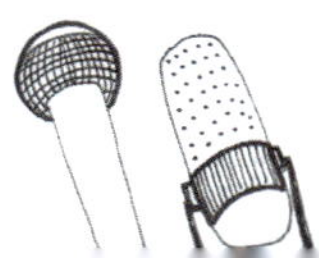
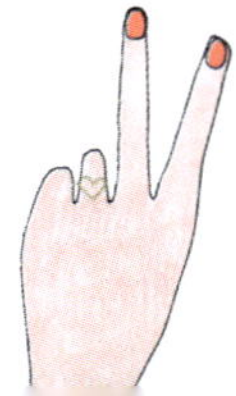

A volte per scegliere un posto è bene chiedersi: che cosa ci andrebbe di mangiare? Altre è più importante decidere in base a chi ci terrà compagnia. Quante volte, invece, ci siamo interrogati sul miglior ristorante all'aperto? O sul luogo perfetto per una domenica spensierata?
Abbiamo individuato sei grandi sezioni in cui muoversi, sei punti di partenza a propria volta suddivisi in categorie più specifiche, per finire con gli 'imperdibili' secondo la redazione.
Ognuno degli oltre 500 luoghi segnalati è unico, con le diversità e le caratteristiche che lo rendono speciale. È doveroso sottolinearlo. Ma, per fornire un buon canovaccio al lettore, abbiamo scelto delle etichette: speriamo di aver fatto cosa gradita, in un libro che nasce sia per essere letto dall'inizio alla fine, tutto d'un fiato, sia per essere consultato rapidamente... e a più riprese!

A CENA CON GLI AMICI

LA BALERA DELL'ORTICA

Un punto di riferimento, specie per le **sere d'estate**. 'Se hai dimenticato il sorriso a casa, stai tranquillo: ne troverai uno qui' recita il sito. Ed è vero. In questo storico dopolavoro ferroviario si mangiano principalmente specialità romagnole e abruzzesi, si gioca a **bocce** e poi via di **boogie-woogie** o **liscio**, tra ultrasessantenni ma anche tanti giovani.

1 Via Giovanni Antonio Amadeo 78, 02 70128680 | €

U BARBA

Se siete amanti della cucina ligure, non potete perdervi quest'**osteria genovese con bocciofila** in zona piazzale Lodi. Qui i tavoli sono grandi, perfetti per un'uscita di gruppo, e d'estate potrete approfittare di un **dehors** con alberi d'ulivo e vista sul campo da bocce per una partitina dopocena. Gli ingredienti sono ottimi e potrete gustare focaccia e farinata, buonissimi primi piatti della tradizione e **un pesto tra i migliori della città**, accompagnati da vini di cantine liguri e toscane e dalla storica birra genovese Cervisia.

2 Via Pier Candido Decembrio 33, 02 45487032 | €€

OSTERIA DELLA STAZIONE

Un'osteria rustica e verace che affaccia direttamente sui binari della Stazione Centrale. I piatti, qui, sono quelli della **tradizione friulana** con qualche incursione lombarda: fate incetta di frico, terrine, affettati, ma anche di pasta fresca e carne tenerissima. **Perfetto per le uscite fra amici**, e se berrete qualche bicchiere in più o alzerete un po' la voce, nessuno si lamenterà!

3 Via Popoli Uniti 26, 02 28381700 | €€

CIRCOLO EX COMBATTENTI E REDUCI

Se cercate **un posto alla buona, ma sincero**, date un'occhiata al Circolo Ex Combattenti e Reduci! In questo **pezzo di 'vecchia Milano' ai Bastioni di Porta Volta**, a un passo da via Paolo Sarpi, l'atmosfera è quella di un grande **bar di paese**, che ha un'anima divisa fra trattoria per cene semplici e locale per aperitivi e dopocena a base di birra o amari. In estate, il glicine in cortile colorerà le vostre serate.

4 Via Alessandro Volta 23, 02 6575872 | €

Dimmi con chi mangi
Easy e all'aperto
Di cosa hai voglia
Vorrei fosse domenica
Bere bene
Shopping & Lifestyle

MILLELUCI

Il Milleluci si autodefinisce, giustamente, **'Trattoria Pop'**. Qui dovete accantonare pretese gastronomiche troppo alte, stando però sicuri che **vi divertirete**. In questa trattoria anni Sessanta in zona Porta Venezia, sotto i mille riflessi della *mirror ball*, il divertimento è assicurato... e, a cena finita, potrete anche **cantare in compagnia**!

5 Via Rosolino Pilo 7, 02 29411250 | €€

TRATTORIA BOLOGNESE DA MAURO

Pasta fatta in casa, **gnocco fritto** e **salumi** in un locale informale con disegni incorniciati alle pareti: questo è Mauro Il Bolognese, una delle trattorie più famose non solo dei **Navigli**, ma di tutta Milano. Sembra di stare a casa della nonna, e raramente delude. Un consiglio? Provate il **tris di primi** per uscire dal locale rotolando!

6 Via Elia Lombardini 14, 02 8372866 | €€

SALA VENEZIA

Se cercate un posto in cui il tempo si è fermato, questa **balera in zona Porta Venezia** è tutto quello che fa per voi. Dopo esservi riscaldati al tavolo con una **cena** spartana ma buona, scatenatevi in pista **ballando valzer, mazurka e polka** insieme a giovani, meno giovani (soprattutto) e talvolta qualche vip. Il divertimento è assicurato.

7 Via Alvise Cadamosto 2/A, 02 2043765 | €

OSTERIA DEL BILIARDO

Nei locali della storica Cooperativa Sempre Uniti di **Affori**, all'Osteria del Biliardo si mangia, si beve e poi... ovviamente si gioca a biliardo o a qualche gioco di società per fare un po' più tardi insieme agli amici, in **un'atmosfera informale e molto allegra**. D'estate c'è anche un bel giardino per stare all'aria aperta.

8 Via Enrico Cialdini 107, 02 36756256 | €€

Dimmi con chi mangi
Easy e all'aperto
Di cosa hai voglia
Vorrei fosse domenica
Bere bene
Shopping & Lifestyle

SPIRIT DE MILAN

In questa ex fabbrica di cristallerie in **Bovisa** l'ambiente è super suggestivo e potrete cenare, fare l'aperitivo, o semplicemente **bere qualcosa ascoltando un concerto dal vivo**. Il menu è tipico milanese e l'atmosfera davvero piacevole sia **d'estate**, nel cortile, sia **d'inverno**, all'interno. Tanti gli eventi, le feste e i corsi in programma e, soprattutto, tanta la musica tutta da ballare una volta finito anche il dessert.

9 Via Bovisasca 57-59, 366 7215569 | €€

VOLEMOSE BENE

Nonostante il locale non sia tra i più grandi, quest'**osteria romana** in **Moscova** ben si presta per una cena tra amici che non si formalizzano troppo per il baccano. Da Volemose Bene l'atmosfera è divertente, e a un certo punto **si canta** anche. Per cenare, il consiglio è di scegliere un primo (**cacio e pepe** su tutti) e i secondi a base di **carne**!

10 Via della Moscova 25, 02 36559618 | €€

RISTORANTI ROMANTICI

POTAFIORI

Potafiori non è solo un ristorante, ma anche una **fioreria** dove cenare (o pranzare, o fare colazione) in un'**atmosfera bucolico-chic** tra alberi, fiori e composizioni vegetali, l'ideale per una serata in coppia ma anche per un'uscita tra amiche e amici. Il menu sembra una poesia e la cucina ci è davvero piaciuta: **piatti** presentati con cura e attenzione, tutti **deliziosi,** e **porzioni abbondanti**.

1 Via Salasco 17, 02 87065930 | €€

AL GARGHET

La cucina milanese in campagna! Il ristorante si trova un bel po' fuori dal centro, dove ancora cresce l'erba, e propone **i veri classici**, tra cui ***mondeghili***, *nervitt*, **risotti**, immancabili ossibuchi, **cassoeula** e una cotoletta davvero enorme. Il tutto in un'**atmosfera romantica**, con un pianista che suona tutta la sera, luci soffuse e candele. **In estate si può stare in veranda o sotto il pergolato.**

2 Via Selvanesco 36, 02 534698 | €€

SPAZIO

Per un pranzo o una cena speciale **con vista direttamente sul Duomo**, il bistrot dello chef stellato Niko Romito propone piatti del territorio in chiave gourmet, bontà senza fronzoli in un ambiente elegante senza risultare impettito. Cercate di riservare un **tavolo nell'ultima sala**, con affaccio sul Duomo e con al centro un meraviglioso albero: se cenerete qui non potrete non conquistare il cuore di chi vi siederà davanti!

3 Piazza Duomo 1, quarto piano del Mercato del Duomo, 02 878400 | €€€

RUBACUORI

Splendido ristorante all'interno dell'hotel **Château Monfort**, zona corso Indipendenza, il Rubacuori è il posto giusto **per sentirsi principi o principesse.** Come in una fiaba, si inizia varcando la soglia della Sala del Dolce Risveglio, con teiere luminose invece delle lampade, **stoviglie con chiavi al posto dei manici** e oggetti a forma di coniglietto sparsi per la stanza. Poi c'è la Sala del Rubacuori, con tavolini specchiati e sedute a forma di cuore, e altre sale tutte da scoprire. Addirittura, in una di queste c'è un tavolo lunghissimo per due sole persone: **come in un film!**

4 Corso Concordia 1, 02 776761 | €€

IYO AALTO

Il primo etnico stellato d'Italia, Iyo, in zona Sempione, ha un'altra elegantissima insegna **tra i grattacieli di Porta Nuova**. Qui si uniscono ricerca, materie prime di livello e un ambiente difficile da trovare altrove a Milano. Oltre al menu alla carta, potrete anche scegliere fra due menu degustazione da 8 e 5 portate, oppure la formula *omakase*, con tanti assaggi uno più sorprendente dell'altro, seduti al banco ammirando i *sushi master* all'opera. **L'atmosfera è esclusiva**, raffinata ed elegante.

5 Piazza Alvar Aalto, 02 25062888 | €€€

EL PORTEÑO

Questo ristorante argentino è un'istituzione a Milano quando si parla di carne, ma vogliamo consigliarvelo anche per **l'eleganza degli arredi e per l'atmosfera caratteristica e super romantica** che si respira non appena si varca la sua porta d'ingresso. Pavimento di maiolica, tavoli in legno apparecchiati con raffinate **tovaglie bianche e tango argentino in sottofondo** faranno da cornice al vostro *tête-à-tête*, e l'ottimo *asado* sarà **la ciliegina sulla torta!** In città ci sono altri tre ristoranti con la stessa insegna, tutti ugualmente validi.

6 Quattro sedi a Milano | €€

BELÈ

Belè è l'indirizzo perfetto per una cena romantica a pochi passi dal Naviglio Grande: un **ambiente elegante e magistralmente illuminato**, una perfetta **selezione musicale**, un **servizio tanto professionale quanto cordiale** e soprattutto una favolosa cucina tradizionale che cerca sempre di aggiungere una spinta innovativa e sorprendente (come negli imperdibili spaghettoni al sugo di pomodoro fresco) renderanno la vostra serata indimenticabile.

7 Via Fumagalli 3, 02 36642933 | €€

VASILIKI KOUZINA

Se amate la cucina greca e siete curiosi di scoprire che cosa c'è oltre il solito *gyros pita* e i tavoli di legno con le tovaglie a quadretti bianchi e azzurri, fatevi guidare da Vasiliki, originaria del Peloponneso, in un viaggio tra i piatti della sua terra. Scoprirete sapori delicati, ma allo stesso tempo intensi e decisi, in **un ambiente elegante e accogliente** con luci soffuse e sottofondo musicale tipico ellenico, perfetto per una cena romantica.

8 Via Clusone 6, 02 94381405 | €€

BENTOTECA

Sicuramente uno dei nostri posti preferiti dell'ultimo periodo, l'**elegante e raffinato ristorante dello chef Yoji Tokuyoshi** ci sorprende a ogni visita. Il piccione marinato nel *sake*, il *katsusando* di lingua e il midollo con calamari sono solo esempi di una cucina incredibile che parte dalla tradizione nipponica per sperimentare senza paura anche con ingredienti più estremi.

9 Via S. Calocero 3, 340 8357453 | €€€

INSIEME RESTAURANT

In **zona Pagano**, la proposta di due ragazzi, coppia nel lavoro e nella vita, è una carta a base di **ingredienti italiani** a cui si sovrappongono preparazioni e **ricette internazionali**, per un risultato davvero notevole. Nella grande sala con bellissimi arredi, cucina a vista e tavoli ben distanziati, troverete il luogo ideale per una serata tranquilla e romantica.

10 Via Giovanni Rasori 12, 391 7182416 | €€€

OCCASIONI SPECIALI

RISTORANTE BERTON

Per conoscere la cucina di Andrea Berton, chef che qualche anno fa ha meritato la stella Michelin per questo elegante ristorante in zona Porta Nuova, il consiglio è quello di optare per un **menu degustazione**. Quello che ci ha entusiasmato di più è il 'Tutto Brodo', **otto portate a base di brodo** che vi lasceranno senza parole. In alternativa, potete ordinare anche alla carta. L'ambiente è elegante e adatto sia a una cena romantica sia a un'occasione di lavoro.

1 Via Mike Bongiorno 13, 02 67075801 | €€€

LANGOSTERIA

Materie prime selezionate, accostamenti mai banali, una cantina super rifornita: le ragioni per concedersi una **cena di mare speciale** da Langosteria sono molto varie e comprendono anche **un'attenzione al cliente fuori dall'ordinario** e un ambiente decisamente elegante. E se l'occasione fosse speciale ma voleste spendere un po' meno, potreste provare anche il vicino Bistrot o il Café in centro, ugualmente buoni ma meno cari.

2 Via Savona 10, 02 58111649 | €€€

SETA

Ad accogliervi in questo ristorante, all'interno dell'incantevole **Hotel Mandarin**, in pieno **Quadrilatero della moda**, troverete la cucina dello chef pugliese **Antonio Guida**, che dall'apertura ha ricevuto ben due stelle Michelin. I piatti sono quelli della **cucina mediterranea con un twist internazionale**, il servizio è super cortese e l'atmosfera è perfetta sia per un incontro romantico sia per una cena con i colleghi.

3 Via Andegari 9, 02 87318897 | €€€

RISTORANTE CRACCO

Pranzare o cenare con **un affaccio privilegiato sulla Galleria di Milano** non è cosa di tutti i giorni, specie se lo si fa gustando le prelibatezze dello chef forse più famoso d'Italia, Carlo Cracco, una stella Michelin. Il celeberrimo **tuorlo d'uovo marinato** o anche il più classico riso allo zafferano sono serviti in un ambiente iper curato, in cui trascorrere una serata più che speciale.

4 Corso Vittorio Emanuele II, 02 876774 | €€€

D'O

A una mezz'oretta di macchina da Milano, una destinazione interessante per un'occasione speciale è sicuramente **Cornaredo**, il paesino immerso tra i campi in cui **Davide Oldani** ha scelto di aprire il proprio ristorante, premiato con una stella Michelin. La sua **cucina pop** accompagnerà la vostra esperienza: i piatti da provare, qui, sono i risotti e la celebre **cipolla caramellata**.

5 Piazza della Chiesa 14, San Pietro all'Olmo, Cornaredo (MI), 02 9362209 | €€€

CONTRASTE

Ci sono ristoranti in cui non si cucina soltanto, ma si raccontano storie. Contraste, che si trova all'interno di un bellissimo cortile in via Meda, è uno di questi. In cucina c'è lo chef uruguaiano Matias Perdomo, e la sua proposta è all'insegna dell'innovazione allo stato puro: preparatevi a stupirvi davanti a ogni piatto. Potrete scegliere tra un percorso costruito 'su misura', a seconda delle vostre preferenze e delle ispirazioni dello chef e la lista, corta, dei **piatti à la carte**. L'atmosfera è incantevole, il servizio perfetto e il conto adeguato.

6 Via Giuseppe Meda 2, 02 49536597 | €€€

SADLER

Tra i ristoranti 'da occasione speciale' **più longevi** a Milano c'è sicuramente quello di Claudio Sadler, che ormai da tempo coccola i propri clienti con piatti, prevalentemente di mare, che hanno fatto **la storia della milanesità a tavola**. Se volete celebrare un'occasione senza mettere troppa mano al portafoglio, potete optare anche per il bistrot attiguo, Chic'n Quick, meno raffinato ma ugualmente buono.

7 Via Ascanio Sforza 77, 02 58104451 | €€€

BITES

In questo splendido bistrot in Porta Venezia, quella che si vive è una **vera e propria esperienza**, una parola spesso usata a sproposito, ma che qui descrive perfettamente il concept del locale: ogni sera alle 20 solo 8 ospiti si accomodano ai tavoli per intraprendere insieme un percorso costituito da piccoli piatti (i *Bites* appunto) preparati con **ingredienti e tecniche differenti** e accompagnati da una selezione di vini curatissima.

8 Via Lambro 11, 351 8668452 | €€€

IL LUOGO DI AIMO E NADIA

Nel quartiere decentrato di Primaticcio, da anni si serve una cucina italiana di livello, eseguita dalle sapienti mani degli chef **Alessandro Negrini** e **Fabio Pisani**. Il restyling di qualche anno fa ha contribuito ad ammodernare l'atmosfera, ora più contemporanea ma sempre elegante. **La ricerca sugli ingredienti e le preparazioni** è continua, e il consiglio è quello di partire da un menu degustazione praticamente senza fine.

9 Via Privata Raimondo Montecuccoli 6, 02 416886 | €€€

INNOCENTI EVASIONI

Anche in questo caso la location non è esattamente centrale, ma la cucina dello chef **Tommaso Arrigoni** merita una deviazione, specie in estate, quando si può godere dell'inaspettato **giardino zen collocato nel dehors**. La carta è italiana e moderna, e ben bilanciata tra proposte di terra e di mare, così come ben rifornita è la cantina dei vini. Il servizio cortese e l'atmosfera rilassante fanno il resto.

10 Via Privata della Bindellina, 02 33001882 | €€€

STREET FOOD

ONTE STELLA
VIA CENISIO
VIALE TEODORICO
CORSO SEMPIONE
2
6
1
VIA CRISPI
PARCO SEMPIONE
GIARDINI INDRO MONTANELLI
VIA SENATO
VIALE MURILLO
VIA BUONARROTI
10
CORSO VERCELLI
CORSO MAGENTA
4
VIA DE AMICIS
VIALE PAPINIANO
VIALE MISURATA
6
CORSO GENOVA
VIA SANTA SOFIA
9
PARCO SOLARI
8
10
10
VIA LORENTEGGIO
5
VIALE BEATRICE D'ESTE
NAVIGLIO GRANDE
NAVIGLIO PAVESE
3
VIALE TIBALDI
7

LA RAVIOLERIA SARPI

Nel cuore di Chinatown, questa minuscola vetrina dietro la quale le mani operose non si fermano un attimo, è diventata il take away per eccellenza. Qui potrete acquistare ravioli **fatti a mano sul momento**, da mangiare subito oppure da cucinare a casa. Il ripieno? Maiale, manzo o verdure. Impossibile resistere ai ravioli, ma non lasciatevi scappare nemmeno la crêpe cinese!

1 Via Paolo Sarpi 27, 331 8870596 | €

PORCOBRADO

Per un pranzo veloce o una cena informale, nel segno degli ingredienti davvero inusuali, Porcobrado porta all'**Isola** il pane toscano ripieno di carne cotta al barbecue e affumicata con legno di ciliegio. **Il risultato è davvero di livello**, e anche i taglieri di affettati, le salse di accompagnamento e le birre sono ottimi.

2 Via Jacopo dal Verme 17, 338 3339120 | €

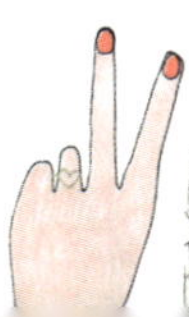

ODDO - ITALIAN FINEST HOT DOG

Un piccolo locale **a due passi dal Naviglio Pavese** che vi farà dimenticare i tristi hot dog con würstel insapori a cui siamo abituati. La carne proviene esclusivamente da allevamenti in Alto Adige, il pane da un fornaio del vicinissimo corso San Gottardo e anche tutti gli altri ingredienti che farciscono i panini sono **sempre freschissimi**. Un plauso particolare alle **salse di accompagnamento**, tutte rigorosamente preparate in casa, e per aver pensato anche ai vegetariani con una proposta veg.

3 Via Evangelista Torricelli 21, 342 1243215 | €

ALL'ANTICO VINAIO

Le leggendarie schiacciate dell'Antico Vinaio di Firenze da un anno sono approdate anche a Milano, e possiamo garantirvi che la loro bontà non ha niente da invidiare a quelle originali. La schiacciata vi viene **preparata sul momento in due minuti netti** e nella bella stagione potrete fermarvi a mangiare **nei pressi della bellissima Piazza Sant'Alessandro**. Un'unica avvertenza: **preparatevi a una lunga coda, se non riuscite ad andare a orari insoliti.**

4 Via Lupetta 12 | €

MEKAN KEBAP

Questo locale storico a due passi da **piazza Napoli** propone **uno dei migliori kebab della città** con il suo perfetto bilanciamento tra il sapore fresco delle verdure e quello più saporito delle salse e della carne. Anche la prova della digeribilità è superata a pieni voti e l'unico ricordo sgradito che vi lascerà Mekan è l'odore sulle mani (e sui vestiti), che purtroppo vi perseguiterà per molte ore come un fragrante (ma super appetitoso) fantasma.

5 Viale Carlo Troya 10, 380 7425905 | €

MAIDO!

Se avete voglia di **street food giapponese**, il posto che fa per voi è Maido che, con le sue due sedi in città, è sicuramente quello giusto per gustare varie bontà, e **soprattutto l'*okonomiyaki***, una sorta di frittata a base di farina, verza e uova cucinata sulla piastra. In onore dell'etimologia della parola (*okonomiyaki*, infatti, significa 'come piace a te'), **la frittata si può personalizzare in buonissime varianti** che vi faranno capire come mai molti protagonisti dei manga – da Uyko di *Ranma 1/2* fino al gatto Giuliano di *Kiss Me Licia* – ne vanno pazzi.

6 Via Savona 15, 02 39434027; via Jacopo dal Verme 16, 02 6071515 | €

Vale sicuramente la pena spingersi al di fuori dei soliti circuiti cittadini per raggiungere questo **angolo di Sicilia in fondo al Naviglio Pavese** dove ritroverete le panelle, il pane *ca' meusa*, lo sfincione e i cannoli che avete assaggiato al mercato di Ballarò e che avete ancora nel cuore. Peccato solo che piazza Abbiategrasso non sia la Kalsa...

7 Via della Chiesa Rossa 71, 02 36522762 | €

POORMANGER

Poormanger, format appena approdato a Milano dopo un fortunato collaudo torinese, propone una vasta scelta di golosissime *jacked potato* ripiene di carne, pesce o verdure. Noi abbiamo provato quella 'alla carbonara', con crema al tuorlo d'uovo, guanciale, pecorino e pepe, e quella con salsiccia cruda di vitello, rucola e grana. Entrambe meravigliose, e dall'**ottimo rapporto qualità-prezzo. Da lodare anche la patata in sé, dolcissima e deliziosa, e la gentilezza del personale.**

8 Via Vigevano 10, 334 6028912 | €

Dimmi con chi mangi
Easy e all'aperto
Di cosa hai voglia
Vorrei fosse domenica
Bere bene
Shopping & Lifestyle

FRATELLI TORCINELLI

Se non siete **amanti delle frattaglie** la parola 'torcinelli' non vi dirà molto, ma questi deliziosi bocconcini di budella di agnello ripieni di animelle sono il caposaldo del menu di questo piccolo locale in Porta Vigentina, dove troverete **anche altri pilastri della cucina pugliese,** cotti rigorosamente alla brace, come le bombette (involtini di capocollo ripieni di formaggio) e la zampina, una favolosa salsiccia condita con pomodoro e pecorino.

9 Corso di Porta Vigentina 38, 02 36515075 | €

TRAPIZZINO

Avamposto dello street food romano, il Trapizzino ha conquistato anche Milano con i suoi tre locali in via Marghera, sul Naviglio Grande e in Porta Romana. I gusti di questo angolo di pizza servito caldo e farcito con le ricette più famose della tradizione capitolina cambiano con la stagionalità, ma troverete sempre il **pollo alla cacciatora**, la **lingua in salsa verde**, la **polpetta al sugo**, la **parmigiana di melanzane** e la spettacolare 'doppia panna' (**stracciatella di burrata con alici**). A seguire, non lasciatevi sfuggire un croccantissimo **supplì**. Spesa contenuta, massima resa!

10 Tre sedi a Milano | €

PANINI

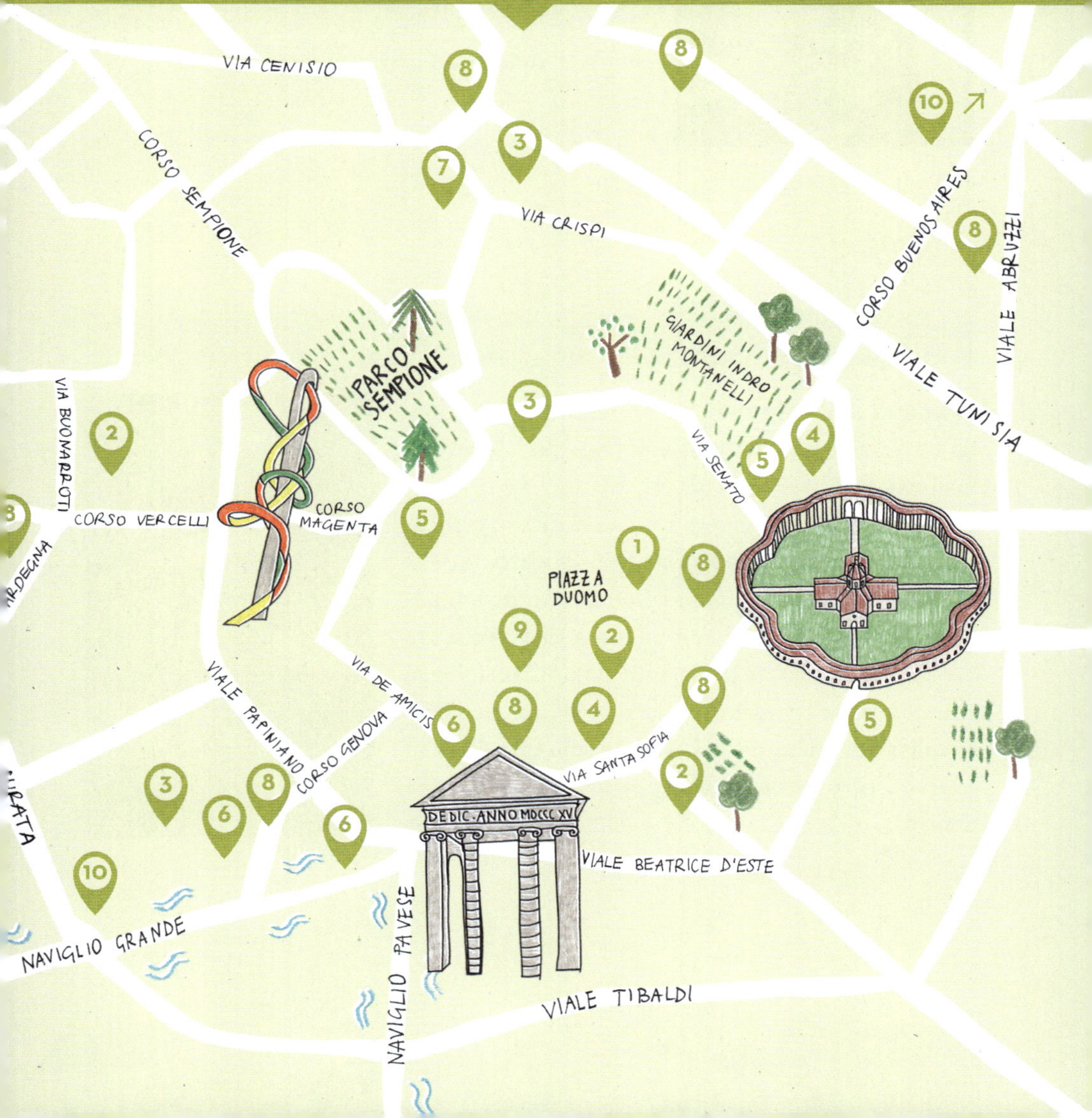
VIA CENISIO
CORSO SEMPIONE
VIA CRISPI
CORSO BUENOS AIRES
VIALE ABRUZZI
PARCO SEMPIONE
GIARDINI INDRO MONTANELLI
VIALE TUNISIA
VIA BUONARROTI
CORSO VERCELLI
CORSO MAGENTA
VIA SENATO
PIAZZA DUOMO
VIALE PAPINIANO
VIA DE AMICIS
CORSO GENOVA
VIA SANTA SOFIA
DEDIC. ANNO MDCCCXV
VIALE BEATRICE D'ESTE
NAVIGLIO GRANDE
NAVIGLIO PAVESE
VIALE TIBALDI

G.B. BAR

Da decenni G.B. Bar è una vera ancora di salvezza per i turisti e i lavoratori che frequentano la zona Duomo e San Babila in pausa pranzo. Non lasciatevi disorientare dall'infinita schiera di panini che fanno capolino dalle vetrine: **chiedete consiglio al gentilissimo personale e non rimarrete delusi**, soprattutto se vi dirotterete verso i panini dagli abbinamenti più fantasiosi e ricercati (come capocollo e fave, lardo e aragostella, manzo stufato con carciofi alla romana).

1 Via Ulrico Hoepli 18, 02 863446 | €

CROCETTA PANINI D'AUTORE 1982

Studenti della Statale che ripassano per l'esame di filosofia e coppie eleganti che discutono dei balletti di Čajkovskij prima di uno spettacolo al teatro Carcano sono solo una piccola parte dell'eterogenea popolazione di questo locale. Da quasi quarant'anni, in lista ci sono **buoni panini dagli ingredienti semplici ma di qualità**, tra cui una bresaola decisamente da applausi. Negli ultimi anni la famiglia si è allargata con altri due locali in zona Duomo e City Life (più uno a Porto Cervo, sfortunatamente troppo lontano per una visita).

2 Tre sedi a Milano | €

PESCARIA

La fila di persone che costantemente si forma davanti all'ingresso di questo fishbar nei pressi di corso Como non mente: Pescaria è un porto sicuro se volete mangiare buon pesce in città. Tartare e fritture non deludono, ma **è nei panini che la freschezza e il sapore degli ingredienti vengono esaltati totalmente**: provate il panino con i gamberoni al ghiaccio, melanzane e pancetta, e il solo ricordo vi farà tornare l'acquolina in bocca. Da poco ha aperto uno spazio più grande in via Solari, dove la fila più corta non è fortunatamente sintomo di una peggiore qualità.

3 Via Nino Bonnet 5, 02 6599322; via Andrea Solari 12, 02 36685383 | €

AL MERCATO - STEAKS & BURGERS

Tra quelli assaggiati negli anni, l'hambuger di Al Mercato per noi è sempre stato il più buono. Altissimo (sono 200 grammi di carne!), con ingredienti di livello e super farcito. **In una parola, spaziale**, così come lo sono le portate, sempre a base di carne, nel menu. Da poco, lo trovate oltre che nella storica (mini) sede di Crocetta, anche in quella più elegante, spaziosa e centralissima di corso Venezia.

4 Via Sant'Eufemia 16, 02 87237167; corso Venezia 18, 02 45474553 | €€

Dimmi con chi mangi
Easy e all'aperto
Di cosa hai voglia
Vorrei fosse domenica
Bere bene
Shopping & Lifestyle

DE SANTIS

Più che una panineria, De Santis in **corso Magenta** è un'istituzione. Questo locale nel cuore della città **serve a ogni ora del giorno panini in tantissime varianti**, che spaziano da quelle tradizionali ad altre più originali. **Gli ingredienti sono di qualità e mai banali** e i sandwich di pane croccantissimo sono farciti al momento. In ogni caso, non avrete che l'imbarazzo della scelta, considerando che dovrete districarvi tra oltre 100 diverse varianti di panini! Di recente la famiglia De Santis si è allargata con un corner all'interno della Rinascente e un nuovo bellissimo locale poco distante dal Tribunale.

5 Tre sedi a Milano | €

PANINOLAB

Se siete in **zona Savona-Tortona** questo è il *place to be* per i panini. Il locale in carta ha principalmente i sandwich, ma offre anche qualche portata calda e insalate. **Il piatto forte sono gli ingredienti di qualità**; a seconda delle stagioni, ad esempio, potrete trovare la slinzega della Valtellina, la burrata di Andria o la porchetta di Ariccia. Oltre a questa, PaninoLAB ha altre due sedi sempre in zona.

6 Tre sedi a Milano | €

SBUNDA

Confessiamo di avere una vera e propria dipendenza per **il cibo calabrese** e questo piccolo locale in piazzale Baiamonti è davvero un paradiso: soppressata, capocollo, cipolle rosse, burro e ovviamente sua maestà la 'nduja sono solo alcuni degli ingredienti con cui comporre **panini buonissimi**. Da segnalare le ottime birre artigianali e la possibilità di acquistare tutti i prodotti esposti sugli scaffali per ricreare a casa la vostra cena calabrese.

7 Piazza Antonio Baiamonti 1, 351 8392430 | €

BURGEZ

Definire Burgez è davvero facile: un **fast food di qualità** che propone, senza inutili orpelli gourmet, **un panino semplice e buono**. Ovviamente non dovete aspettarvi il servizio al tavolo e ambienti particolarmente ricercati: qui tutto ruota attorno agli hamburger, alle patatine e ai milkshake che, anche a seguito di una strategia di comunicazione piuttosto aggressiva, da via Savona hanno invaso tutta la città con altre 7 location.

8 Otto sedi a Milano | €

L'ALTRO TRAMEZZINO

A Venezia il tramezzino è una vera e propria religione con regole insindacabili su ingredienti e proporzioni, e questo piccolo corner a due passi da via Torino porta con successo questa antica tradizione a Milano; **la selezione è vastissima**, ma il nostro preferito è quello classico con baccalà e maionese. Bellissimo anche il packaging che **vi permetterà di portare un pezzo di laguna a casa o in ufficio**.

9 Via Lupetta 5, 02 36798084 | €

MI CASA TOASTERIA

Mi Casa è stato il primo locale a proporre **un'offerta composta interamente da toast**, che dopo anni sono ancora tra i migliori della città. L'ampliamento del menu (con antipasti, primi e insalate) e delle location (a quella storica di Turro si è aggiunta quella di Giambellino) non ha intaccato la bontà dei **classici toast infilzati, caratterizzati da pane artigianale e prodotti di altissima qualità**, abbinati con fantasia.

10 Piazzale Governo Provvisorio 5, 02 36642370; via Leone Tolstoi 1, 02 4221200 | €

MANGIARE DI NOTTE

PANINI ALLA PIASTRA DA GABRY

Da Gabry, per tutti 'Sgabry', è **uno dei punti di ritrovo preferiti per chi ha fatto serata** e uno dei più celebri paninari a Milano, proprio **davanti al Tribunale**. I panini sono pazzeschi, dal 'Boschetto', un hamburger con fontina, rucola e chi più ne ha più ne metta, a quelli coi salumi o con la bistecca di cavallo, **ultraripieni**, davvero gustosi. Ci si può andare anche di giorno, specie in estate, quando trova spazio qualche tavolino su strada, e si può ordinare uno sfizio o dei toast, anche questi generosamente farciti.

1 Corso di Porta Vittoria 23, 324 6254202 | €

LE CAPANNELLE

Il ristorante più nottambulo della città si trova in **zona Sant'Agostino** e dal 1975 nutre tutti coloro che vogliono chiudere la serata con qualcosa di più che un panino. Qui, infatti, oltre alle **pizze** – una ventina in tutto suddivise tra classiche e speciali – il menu spazia tra antipasti, primi e secondi di carne e di pesce, **rigorosamente tradizionali**. L'atmosfera, neanche a dirlo, è molto spartana e allegra, perfetta per il post serata ma anche per una cena easy senza pretese.

2 Viale Papiniano 23, 02 48003979 | €€

MORDI & FUGGI

Tranci di pizza, panzerotti, panini e dolci sfornati tutta la notte in questa **briocheria-focacceria con casa in zona Stazione Centrale**. Di giorno, invece, questo locale si trasforma in una tavola calda dove fare una pausa pranzo tranquilla con piatti semplici e genuini.

3 Via Ferrante Aporti 20, 02 36755317 | €

MERGELLINA BAKERY

Il paradiso per chi ama follemente i dolci, soprattutto quelli al cioccolato: brioche, ciambelle e bomboloni da riempire con ogni tipo di crema, dalle più classiche alle più particolari come quelle al Kinder Cereali, Kinder Bueno, Oreo e Bounty. Entrati nel locale vi sembrerà di essere davvero nell'omonimo quartiere di Napoli, e la glicemia, non abbiamo dubbi, vi andrà alle stelle!

4 Viale Bligny 13, 350 0994734 | €

ANCHE FORNO

Fratello minore di Anche Bar e Anche Ristorante, famosi per la cotoletta 'sbagliata', questo piccolo corner sulla strada **è perfetto per una sosta notturna**. In vetrina non mancano brioche ripiene, pizze, focacce e pane. Non spaventatevi se si sarà formata della coda fuori dalla vetrina, sarà un modo in più per socializzare aspettando la vostra focaccina.

5 Via Carmagnola 5, 331 8224002 | €

GESPAN

Sulla cartina geografica, Gespan si trova ai **bordi di Milano**, precisamente nel comune di **Corsico**, ma la verità è che da vent'anni questo forno è l'epilogo scritto delle serate di **chi abita in zona sud-ovest**. Se avete fatto tardi e avvertite un certo languorino, concedetevi uno stop dolce o salato in questa panetteria. Qui troverete a ritemprarvi pane di ogni sorta, pizze e focacce, ma anche torte, pasticcini e specialità principalmente siciliane, come le arancine e i cannoli. Dopo le due, si sa, è in ogni caso tutto buonissimo!

6 Via Leonardo Da Vinci 21, Corsico (MI), 02 45861525 | €

IL CHIOSCO DI VALERIA E BRUNELLA

Conosciuto come **'le luride'**, o più gentilmente 'le signore' e 'le zie', dagli anni Ottanta il chiosco in **zona Ortica** di Valeria e Brunella sfama migliaia e migliaia di giovani. La **specialità** di questa vera e propria istituzione è il **'Completo'**, con carne o con **salumi, fontina, pomodoro, insalata, cipolla caramellata, peperonata, maionese. Ma la scelta è ampia** (vegetariana compresa) e il **menu** è pensato per non svuotare le tasche.

7 Piazza Andrea Fusina 3, 333 3558672 | €

CHIOSCO ISOLA VERDE DI MIMMO E ANNA

Dal 1994 'Mimmo il Salamellaio' è in grado di farvi tornare al mondo con i suoi leggendari panini, tra cui il **McFalson**, composto da focaccia, doppio hamburger, doppio cheddar, lattuga, cipolla, pancetta e salsa della casa: insomma, una **poesia**. Perfetto anche dopo una partita a San Siro vista la **vicinanza allo stadio** (siamo in **zona via Novara**), in inverno è dotato di un gazebo chiuso e riscaldato dai funghi. Ogni occasione però sarà buona per far capolino qui e provare tutte le proposte. E se siete **vegani**, in lista troverete anche un paio di scelte per voi.

8 Piazza Melozzo da Forlì 3, 366 4441942 | €

CHIOSCO MARADONA

In via Tabacchi, **in zona Bocconi e non distante dai Navigli**, seguite la **luce verde fluo** e giungerete in un porto sicuro, una certezza per tutti i festaioli, che tra i propri cult vanta l'hamburger **Poldo** (hamburger, lattuga, pomodoro, sottiletta, ketchup e maionese), il panino **Varenne** (bistecca di cavallo e cime di rapa) e l'hot dog **W.W.W.** (würstel, pancetta, ketchup e tabasco). In più, se i panini di Maradona vi hanno rubato il cuore, ma ormai siete troppo anziani per fare serata, non temete: potete ordinarli anche online!

9 Via Odoardo Tabacchi 33, 376 0338560 | €

CHIOSCO PANDY E MUCCA

È il luogo per eccellenza delle notti milanesi, con oltre **40 panini in menu**, in **zona Porta Romana**. In repertorio, oltre ai classici, anche i panini della casa, tra cui spiccano il **Sex Love Food** (bresaola, pomodoro, caprino, funghi, rucola, tabasco, salsa tartara) e il **Food Porn**, creato dal team de Il Pagante (salamella, hamburger, doppio bacon, doppio cheddar, insalata, pomodoro, salsa della casa). Con la bella stagione, poi, è aperto anche durante il giorno.

10 Piazzale Libia, angolo viale Lazio, 02 91154015 | €

CHIOSCHI E CHIRINGUITI

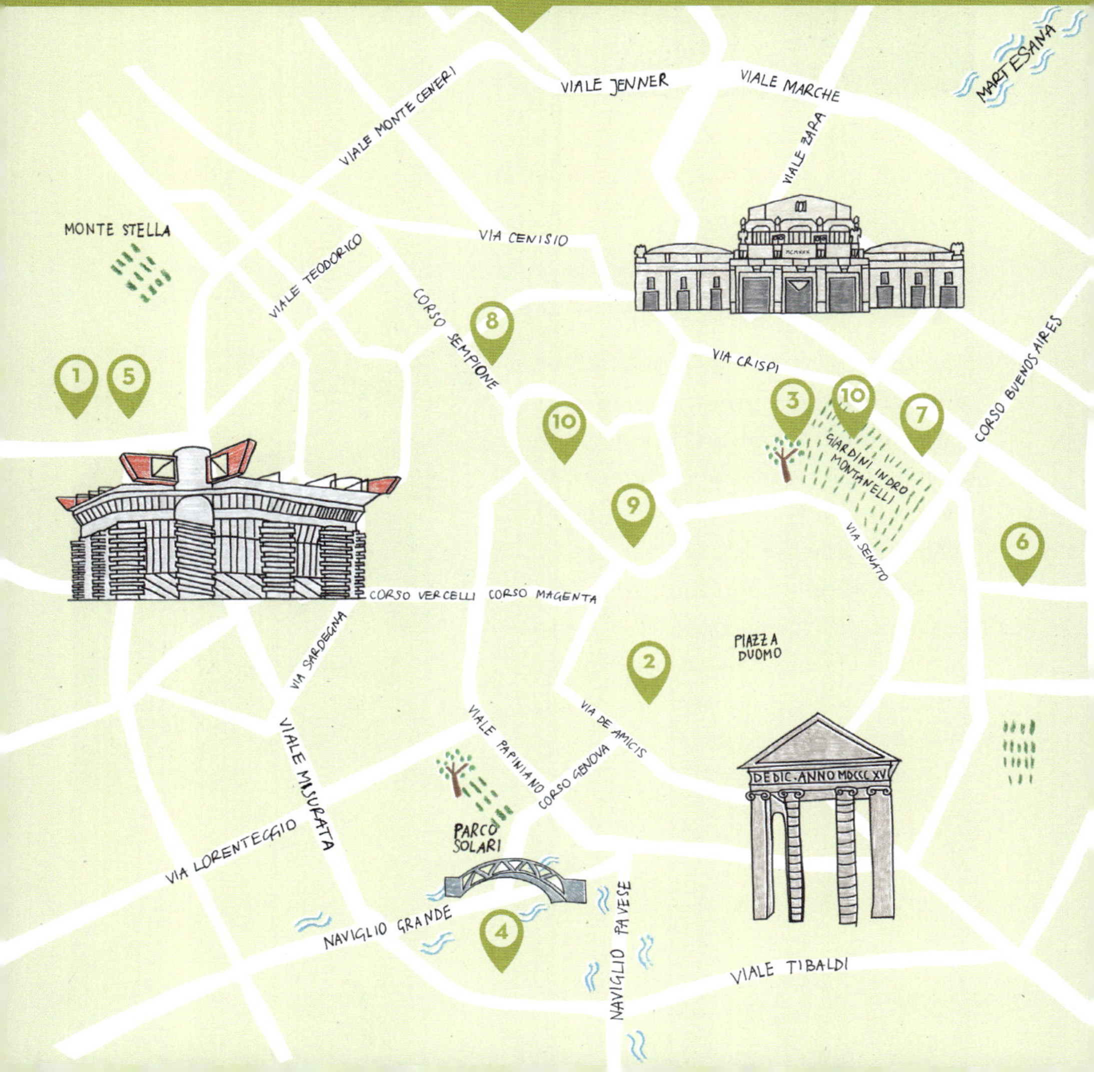

CHIRINGUITO MILANO

Un'icona del quartiere di San Siro, che da più di vent'anni allieta le serate estive di chi viene al Meazza per una partita (è aperto anche d'inverno, in occasione dei match) o un concerto, o di chi semplicemente è alla ricerca di un buon drink da bere all'aperto. Seguitelo sui social per rimanere aggiornati sui **vari dj set** che si alternano durante la settimana!

1 Piazzale dello Sport, 349 3813912 | €

CHIOSCO MENTANA

Nascosto nella tranquilla piazza Mentana, dietro via Torino, questo chiosco è **indubbiamente il più elegante della lista**. Perfetto per un aperitivo o un dopocena (volendo, comunque, si possono ordinare anche dei panini), non è purtroppo ben fornito di posti a sedere. Provate a prenotare, se sarete così fortunati nell'avere risposta: potrebbe valerne la pena anche per fare qualche conquista.

2 Piazza Mentana, 339 5231206 | €

CHIOSCO DI PIPPO

Immerso nel verde dei **Giardini Pubblici Indro Montanelli**, vicino all'ingresso di via Manin, il Chiosco di Pippo è un'oasi di fresco nella calura cittadina. Il patio pieno di tavolini e i tendoni bianchi creano un'**atmosfera molto vacanziera**: aperto da mattina a sera, secondo noi è una tappa perfetta in ogni momento della giornata. D'estate non perdetevi gli appuntamenti con *Jazz in the Park*; la domenica, l'aperitivo è accompagnato da musica dal vivo.

3 Via Daniele Manin 6, 02 6551137 | €

SUGAR COCKTAIL THERAPY

Come suggerisce il nome, il pezzo forte di questo chiringuito nascosto dietro **Porta Genova** è la lista dei cocktail che allieterà le vostre serate sulle sponde del Naviglio Grande. Potete fermarvi anche per l'aperitivo o una cena veloce (gli hamburger sono molto buoni). La posizione strategica, isolata dal resto della movida, le piante rigogliose intorno ai tavoli e l'atmosfera informale lo rendono **la meta ideale per una rilassante serata estiva**.

4 Ripa di Porta Ticinese 79/A, 339 2011743 | €

Dimmi con chi mangi
Easy e all'aperto
Di cosa hai voglia
Vorrei fosse domenica
Bere bene
Shopping & Lifestyle

Dimmi con chi mangi
Easy e all'aperto
Di cosa hai voglia
Vorrei fosse domenica
Bere bene
Shopping & Lifestyle

ORTOBELLO – HAMBURGER & JOY

Vicino al Chiringuito Milano, con cui condivide anche i proprietari, Ortobello si distingue per la sua **cucina di qualità e gli ingredienti 'green'** (accanto al locale c'è un enorme orto lussureggiante che suona come una chiara dichiarazione d'intenti). Consigliato a pranzo o a cena, qui potete gustare hamburger e tartare di carni selezionate da allevamenti a chilometro zero, accompagnati da una discreta selezione di birre artigianali.

5 Piazzale dello Sport, 351 8092901 | €

CHIRINGUITO RISORGIMENTO

Non appena sarà completata la nuova linea blu della metropolitana, arrivare al Chiringuito Risorgimento sarà ancora più facile. Forse il meno esotico tra quelli che abbiamo scelto, è però **circondato dal verde ed è un ritrovo rassicurante** proprio grazie al suo essere senza alcuna pretesa. Potete fermarvi qui per un calice di vino, una birra o un cocktail osservando il viavai di piazza Risorgimento.

6 Piazza Risorgimento 9, 334 3289282 | €

TROPICAL ISLAND

Impossibile non conoscere 'il Tropical': situato **appena fuori dai cancelli dei Giardini Pubblici Indro Montanelli**, è aperto tutti i giorni dall'orario dell'aperitivo **fino all'alba** (e infatti è uno dei rifugi preferiti di chi fa serata). Oltre a una nutrita lista di cocktail, qui potete trovare ancora uno degli aperitivi più abbondanti della città, ma anche pizze e hamburger.

7 Bastioni di Porta Venezia, 02 29511599 | €

SERGIO & EFISIO

Questo chiosco si trova all'incirca **a metà di corso Sempione dal lontano 1985**. Aperto tutti i giorni sia a pranzo sia a cena, offre panini, piadine e piatti freddi e una selezione di aperitivi classici, il tutto a **prezzi più che competitivi**: i panini partono da 4 euro e il cocktail 'Sergio & Efisio' (con fragola, cocco e ananas) ne costa solo 5. Per noi, una tappa imperdibile!

8 Corso Sempione 30, 02 312319 | €

LOCANDA ALLA MANO

Molto più di un semplice chiosco: Locanda alla mano è un **progetto di solidarietà** gestito dalla cooperativa Contè, che si occupa dell'inserimento nel mondo lavorativo di persone con disabilità. Si trova proprio **dietro al Castello Sforzesco** e lo riconoscerete subito dall'insegna con una grande mano aperta. Potete venire qui tutti i giorni a pranzare, fare merenda o un aperitivo a **prezzi irrisori** (5 euro per lo spritz) nella splendida cornice del Parco Sempione.

9 Piazza del Cannone, 328 6568094 | €

BAR BIANCO

Quello originale si trova all'interno del Parco Sempione, ma da diversi anni Bar Bianco ha una seconda sede nei Giardini Pubblici Indro Montanelli. **Entrambi sono aperti da mattina a sera**: di giorno potete fermarvi per una colazione, per pranzo o per l'aperitivo, mentre la sera il chiosco cambia volto e diventa **lounge bar e discoteca** (informatevi, ogni settimana ci sono diverse serate a tema).

10 Viale Enrico Ibsen 4, 02 86992026 | €

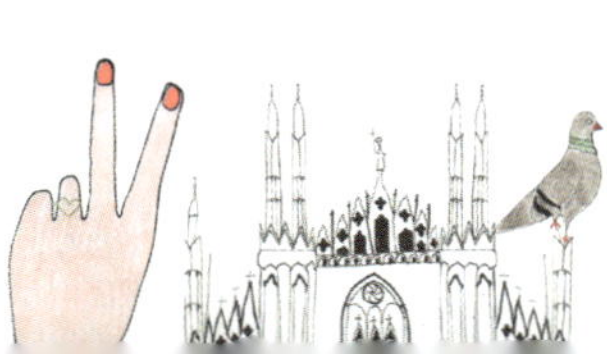

RISTORANTI ALL'APERTO

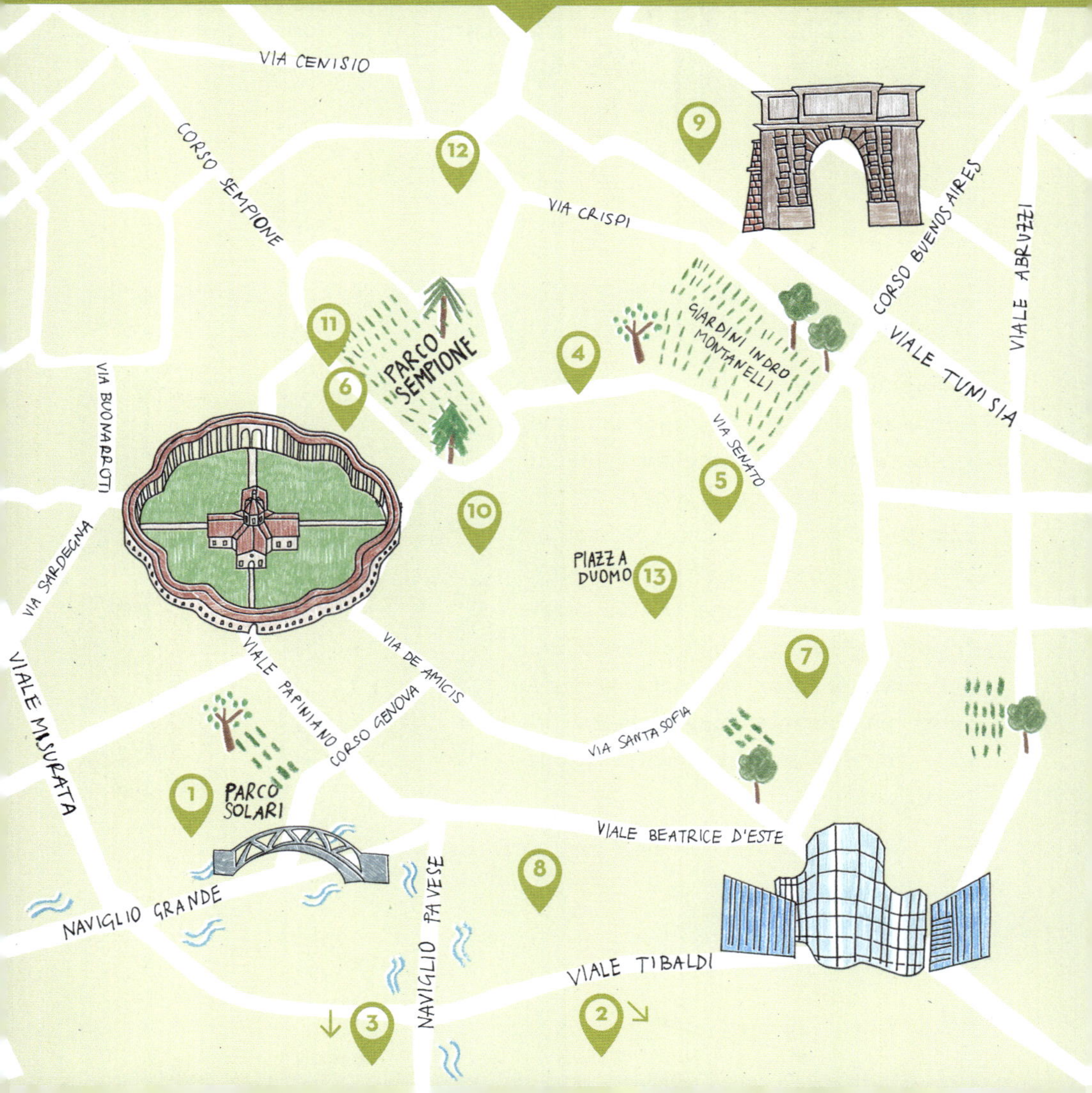

AL FRESCO

Ex showroom di mobili da giardino, questo ristorante in **zona Tortona** si è guadagnato il plauso di critica e clientela per quel suo essere a metà strada tra **un cottage, un locale provenzale e un italian bistrot**, ma anche per la cucina, fatta di piatti semplici, ingredienti di prima qualità e serviti senza troppi autocompiacimenti di sorta. L'attenzione particolare alle verdure fa sì che il ristorante sia particolarmente **vegan-friendly**, ma anche **i carnivori possono trovare diverse soddisfazioni**.

1 Via Savona 50, 02 49533630 | €€€

SHAMBALA

Per i lama tibetani, *Shambala* significa 'fonte della felicità'. A questo nome, i proprietari hanno aggiunto 'Locanda asiatica con grandi alberi'; infatti, questo ristorante thailandese alla fine di via Ripamonti, tra i più rinomati in città, **è una ex cascina con un caratteristico giardino zen all'esterno, una vera oasi di pace**. Per noi è uno dei posti più romantici dove cenare, anche quando il freddo non permette cenette all'aria aperta.

2 Via Giuseppe Ripamonti 337, 02 5520194 | €€€

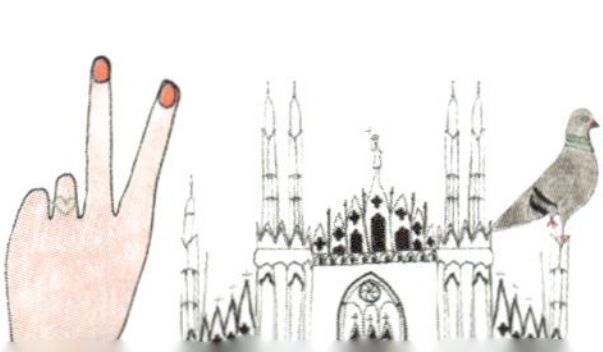

ERBA BRUSCA

Il punto di forza di questo ristorante dall'atmosfera informale, ma **con un tocco chic**, risiede negli **abbinamenti particolari, nella fantasia delle proposte e nelle porzioni sorprendentemente abbondanti** dei piatti contenuti nei menu degustazione da 4 o da 6 portate che cambiano settimanalmente. Il nostro consiglio è di prenotare **in un giorno di sole per godersi i colori del luogo** e magari approfittarne per una pedalata ai bordi del Naviglio, fino al confine tra campagna e città.

3 Strada Alzaia Naviglio Pavese 286, 02 87380711 | €€€

CLOTILDE BRERA

Da Clotilde troverete un menu che combina proposte della tradizione meneghina ad altre più creative e sperimentali, con **un'attenzione particolare all'abbinamento dei cocktail e dei vini ai piatti**. L'atmosfera è curata fin nel minimo dettaglio, con arredi vintage e pezzi di modernariato scovati in giro per mercatini, ma soprattutto con una **terrazza affacciata su piazza San Marco** che da sola vale una visita.

4 Piazza San Marco 6, 02 38316453 | €€

PAPER MOON GIARDINO

Nella centralissima via Bagutta, a due passi da **piazza San Babila**, troverete Paper Moon Giardino, una **meravigliosa location** perfetta d'estate, con il suo dehors, ma anche nelle giornate di maltempo con la sua veranda, in cui si possono gustare piatti tradizionali di pesce ben pensati e cucinati. L'**ambiente elegante**, il **servizio di livello** e il **conto abbastanza elevato** fanno del Paper Moon Giardino il posto adatto per un'**occasione speciale** o un **incontro di lavoro**.

5 Via Bagutta 12, 02 76009895 | | €€€

CASCINA NASCOSTA

Questa splendida cascina all'interno del Parco Sempione, dal manifesto completamente votato alla **sostenibilità**, è parecchio eclettica: potete andare qui per una **colazione**, un **pranzo** o un **bicchiere** di vino, oppure per fare **la spesa da piccoli produttori. Il menu è corto con proposte lombarde (*mondeghili*, risotto al salto, polenta)**, ma anche piatti più semplici come **taglieri di salumi e formaggi**, e **bowl di pollo arrosto** o di **pulled pork**.

6 Viale Alemagna 14, 340 6755196 | €

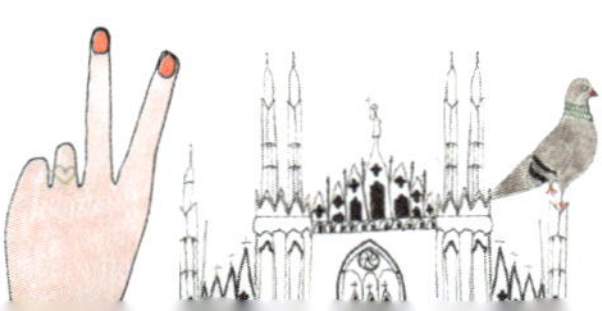

CHIOSTRO DI ANDREA

Nella splendida cornice dei quattrocenteschi **Chiostri di San Barnaba**, questo ristorante è un indirizzo perfetto per un appuntamento romantico o per un'occasione speciale. In un'atmosfera quasi fiabesca, **tra alberi maestosi e luci soffuse, potrete gustare i piatti dello chef Andrea Alfieri**, che propongono accostamenti arditi, talvolta anche troppo. A pranzo, scendono i prezzi e il conto è davvero concorrenziale.

7 Via San Barnaba 48, 02 5466494 | €€€

AL CORTILE

Nato come temporary restaurant per Expo 2015, Al Cortile è il ristorante della scuola di cucina Food Genius Academy. L'ingresso è lo stesso delle Fonderie Milanesi e di Officina Cocktail Bar: **la location a dir poco incantevole**, tra lucine e arredi retrò, fa dimenticare in fretta prezzi alti e porzioni non sempre generose. Visti i cocktail buonissimi, **vi consigliamo di fermarvi qui anche per un aperitivo o un dopocena**.

8 Via Giovenale 7, 389 8730923 | €€

RATANÀ

La bellissima palazzina liberty dove si trova il Ratanà, ex rimessa ferroviaria, sorge proprio **sotto le torri del Bosco Verticale**. Un luogo mirabile dove istituire questa 'osteria moderna', che ha fatto di una **cucina di qualità e sostenibile** un cavallo di battaglia (basti pensare alla scelta di servire solo pesce d'acqua dolce). Il menu si ispira a una cucina milanese e lombarda rivisitata e la selezione di vini è davvero vastissima.

9 Via Gaetano de Castillia 28, 02 87128855 | €€€

LA BRISA

Non possiamo che definirlo **una chicca**, questo ristorante nascosto tra corso Magenta e piazza Affari. **Il giardino con tigli secolari** si trova accanto ai resti di un antico palazzo imperiale di età romana e si può apprezzare anche d'inverno, grazie alla veranda con scenografiche pareti a vetrata. Il menu segue la stagionalità e cambia ogni mese, offrendo piatti semplici ma saporiti. Ambiente intimo e raccolto, **ideale anche per occasioni speciali**.

10 Via Brisa 15, 02 86450521 | €€€

LE 3 TERRAZZE PIÙ BELLE DI MILANO

Dall'alto sembra tutto più bello. Anche Milano non sfugge a questa regola e, appena comincia a far caldo, ogni occasione è buona per godersi la città in quota. Venite con noi a fare un tour a 360 gradi ad altezza Madonnina: ecco le terrazze che abbiamo selezionato, dalle quali godersi il tramonto!

TERRAZZA TRIENNALE

Sul tetto della Triennale, il primo museo dedicato al design in Italia, ha sede questo ristorante da cui godere della splendida **vista sul Parco Sempione**, con lo skyline di Porta Nuova praticamente a portata di mano. Ad accompagnare il nome del ristorante è la definizione 'Osteria con vista', e non è un caso! Venite qui per un pranzo o una cena speciali, o anche semplicemente per un drink all'ora del tramonto.

11 Viale Emilio Alemagna 6, 02 36644340 | €€€

CERESIO 7 POOLS & RESTAURANT

Sul tetto dello **storico palazzo Enel** c'è il ristorante-bar di Dean e Dan Caten, i gemelli noti nel mondo della moda per il loro brand **Dsquared2, che proprio qui ha sede**. Di conseguenza, questo rooftop è **tra i più trendy della città**, sia per la sua vista mozzafiato, sia per la possibilità di fare l'aperitivo a bordo di una delle due piscine.

12 Via Ceresio 7, 02 31039221 | €€€

GIACOMO ARENGARIO

Tra i ristoranti più romantici di Milano c'è Giacomo Arengario, che ha casa nella splendida cornice del Museo del Novecento. Dalla sua terrazza si gode di una **vista pazzesca su tutta la piazza e sembra quasi di poter toccare il Duomo**. Anche i piatti sono all'altezza dell'atmosfera, grazie a favolose portate di pesce e dolci buonissimi.

13 Via Guglielmo Marconi 1, 02 72093814 | €€€

BERE ALL'APERTO

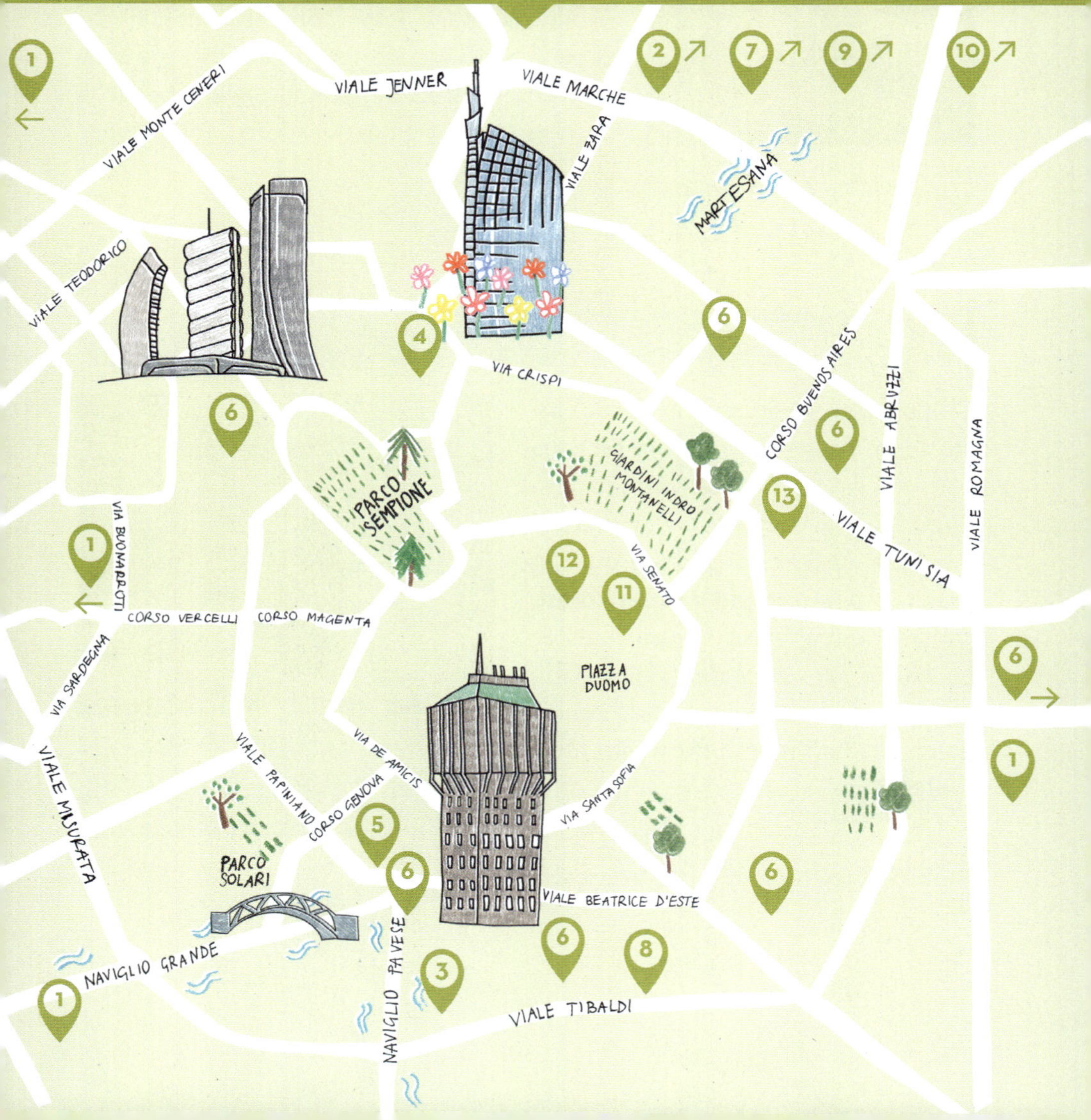

MARE CULTURALE URBANO

Il Mare Culturale Urbano in **zona via Novara** è un locale davvero unico nel suo genere: la sua atmosfera da **cascina seicentesca**, con un bellissimo cortile illuminato da **lucine**, rende questo posto un'oasi lontana dal caos della città, **perfetta per le sere d'estate**. Rilassatevi sulle sdraio bevendo una buonissima birra artigianale e per un momento vi sembrerà di essere davvero al mare. Recentemente i confini del Mare si sono espansi grazie ad altri tre locali altrettanto belli lungo il Naviglio Grande, a Cascina Merlata e nel quartiere Santa Giulia.

1 Quattro sedi a Milano | €

FUORIMANO OTBP

Come suggerisce il nome, questo posto sorge in una zona ancora fuori dai consueti giri di chi vuole bere in città. Eppure in questo locale in **Bicocca** avrete la certezza di passare qualche ora in un **posto ampio e super curato**, con anche un bellissimo spazio esterno per le sere d'estate. Ottimo cibo, buoni cocktail e tanta birra lo rendono senza dubbio uno dei nostri locali preferiti.

2 Via Roberto Cozzi 3, 02 36523460 | €

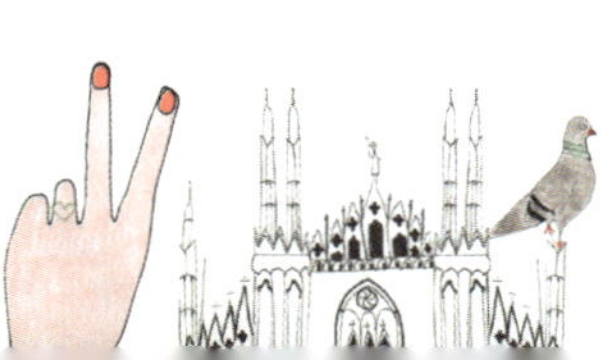

FRIZZI & LAZZI

Se siete stati adolescenti a Milano è impossibile che non abbiate passato almeno una serata al Frizzi & Lazzi, **bar di quartiere in zona Navigli**, la cui atmosfera sembra ferma a qualche decennio fa. Se non vi formalizzate troppo ed è estate, il suo **cortile incorniciato dalle case di ringhiera** ha tantissimi posti a sedere in cui sorseggiare una birra a buon prezzo.

3 Via Evangelista Torricelli 5, 02 8378228 | €

OTTO

Che sia l'ora della colazione o del pranzo, della merenda o dell'aperitivo, non abbiamo dubbi: Otto è un posto davvero piacevole dove fermarsi per un calice di vino, una birra o un cocktail, da accompagnare rigorosamente a uno dei tanti sfiziosi 'Quadrotti'. Situato in un piccolo slargo adiacente a Paolo Sarpi, **oltre ad avere degli interni luminosi e ricchi di piante, in pieno stile scandinavo, conta anche su una graziosa zona esterna**, perfetta per bere qualcosa all'aria aperta insieme agli amici.

4 Via Paolo Sarpi 8 | €

VISTA DARSENA

Una birretta in Darsena è sempre una buona idea. Se non vi va di sedervi per terra, potete approfittare dei numerosi tavolini all'esterno (ci sono più di 150 posti a sedere) e ammirare al tramonto uno degli scorci più belli di tutta la città. L'aperitivo è il momento perfetto per sostare sul 'molo' di Milano, ma in realtà **il locale ha in carta anche proposte che mixano cucina tradizionale, street food e ricette internazionali**.

5 Viale Gabriele d'Annunzio 20, 02 45499470 | €

GUD

Dal primo locale di City Life, questa insegna **si è espansa in tutta la città** e, dai Navigli alla Stazione Centrale, dall'Idroscalo alla Bocconi, ha raggiunto anche i Bagni Misteriosi, la piscina più famosa e instagrammata di Milano: in tutte le sedi troverete bowl, focacce, burger e centrifughe composte da **ingredienti freschi e naturali**.

6 Otto sedi a Milano | €

TRANVAI

Oggi la maggior parte dei tram della vecchia linea 1500, costruiti nel 1928, è andata in pensione. Ma non tutti: potete trovarne alcuni sulle colline di San Francisco... o lungo le sponde della Martesana, come lo **storico tranvai 1522, trasformato in un bar con cucina. Bellissimo il dehors** dove potrete fermarvi dopo una passeggiata o un giro in bicicletta lungo il Naviglio. Il momento clou è però quello dell'aperitivo, con taglieri di salumi e formaggi e stuzzichini sfiziosi.

7 Via Tirano, angolo via Gianfranco Zuretti 71, 392 5715378 | €

SURFER'S GARDEN

Se cercate un **giardino incantato** per fare un aperitivo o bere un drink all'aperto, in un'atmosfera magica, questo **Circolo Arci** è l'indirizzo giusto. Qui si **sta davvero bene**, tra **arredi un po' pazzi**, **verande carine**, **sdraio**, **tavolini** e **ombrelloni** in cui godere di un po' di meritato **relax**. Il **personale** è cortese, i prezzi sono giusti, ma non includono l'Autan, assolutamente imprescindibile!

8 Piazza Caduti del Lavoro 5, 338 5916764 | €

EAST RIVER

Ce ne dovrebbero essere molti di più, di progetti così belli! Ex carrozzeria sulle sponde della Martesana, East River è un luogo dalle molte anime, che include non solo un punto ristoro ma anche una ciclofficina, una serra botanica e un orto con didattica, dove si organizzano mostre ed eventi. Qui potrete noleggiare attrezzature sportive (come canoe o cargo bike), a servizio del quartiere (tanta invidia per gli abitanti di NoLo) e di tutta la città.

9 Via Jean Jaurès 22, 320 4919208 | €

CASCINA MARTESANA

Difficile descrivere questo **spazio polifunzionale** in poche righe: in Cascina Martesana potete venire a bere con i vostri amici, fare yoga nel weekend, visitare mostre di fotografia, scoprire giardini nascosti, partecipare a progetti di sostenibilità ambientale e integrazione sociale o semplicemente rilassarvi sulle amache guardando il Naviglio. **L'atmosfera è quella di una sagra di paese, a pochi minuti da Gorla: insuperabile.**

10 Via Luigi Bertelli 44, 389 5820695 | €

3 HOTEL DI LUSSO PER UN DRINK IN GIARDINO

Non serve essere delle star per vivere le atmosfere esclusive e raffinate dei migliori hotel di lusso della città: seguiteci e vi porteremo a sorseggiare un cocktail a cinque stelle tra corti interne incantate e giardini da favola.

FOUR SEASONS HOTEL

Il giardino del Four Seasons nel XV secolo era il luogo in cui gli abitanti di un convento coltivavano erbe e verdure. Oggi è **un'oasi di pace e lusso nel cuore del Quadrilatero della moda**, aperta a chiunque voglia concedersi un cocktail d'autore al suo bar Stilla, in un'atmosfera elegante sospesa tra antico e moderno, recentemente rinnovata nientemeno che da Patricia Urquiola.

11 Via Gesù 6-8, 02 77088 | €€€

MANDARIN ORIENTAL MILAN

In un posto sfarzoso come il Mandarin Oriental, che ospita l'altrettanto opulento ristorante Seta, la corte interna è quasi una sorpresa: intima e raffinata, ma senza strafare. La lista di bevande è pressoché infinita e, *ça va sans dire*, curatissima: **buonissimi i drink italiani rivisitati all'orientale.** Servizio impeccabile.

12 Via Andegari 9, 02 87318888 | €€€

SHERATON DIANA MAJESTIC

La **bellezza del giardino interno dell'Hotel Diana** è una di quelle cose su cui concordano all'unanimità tutti i milanesi. Il Kursaal Diana nasce dietro Porta Venezia nel 1908, prendendo il posto dei Bagni Diana, la prima piscina pubblica d'Italia. Venite qui per un aperitivo o per un cocktail dopocena e fatevi incantare dalla vegetazione lussureggiante e dalla splendida fontana centrale.

13 Viale Piave 42, 02 20581 | €€

GELATERIE

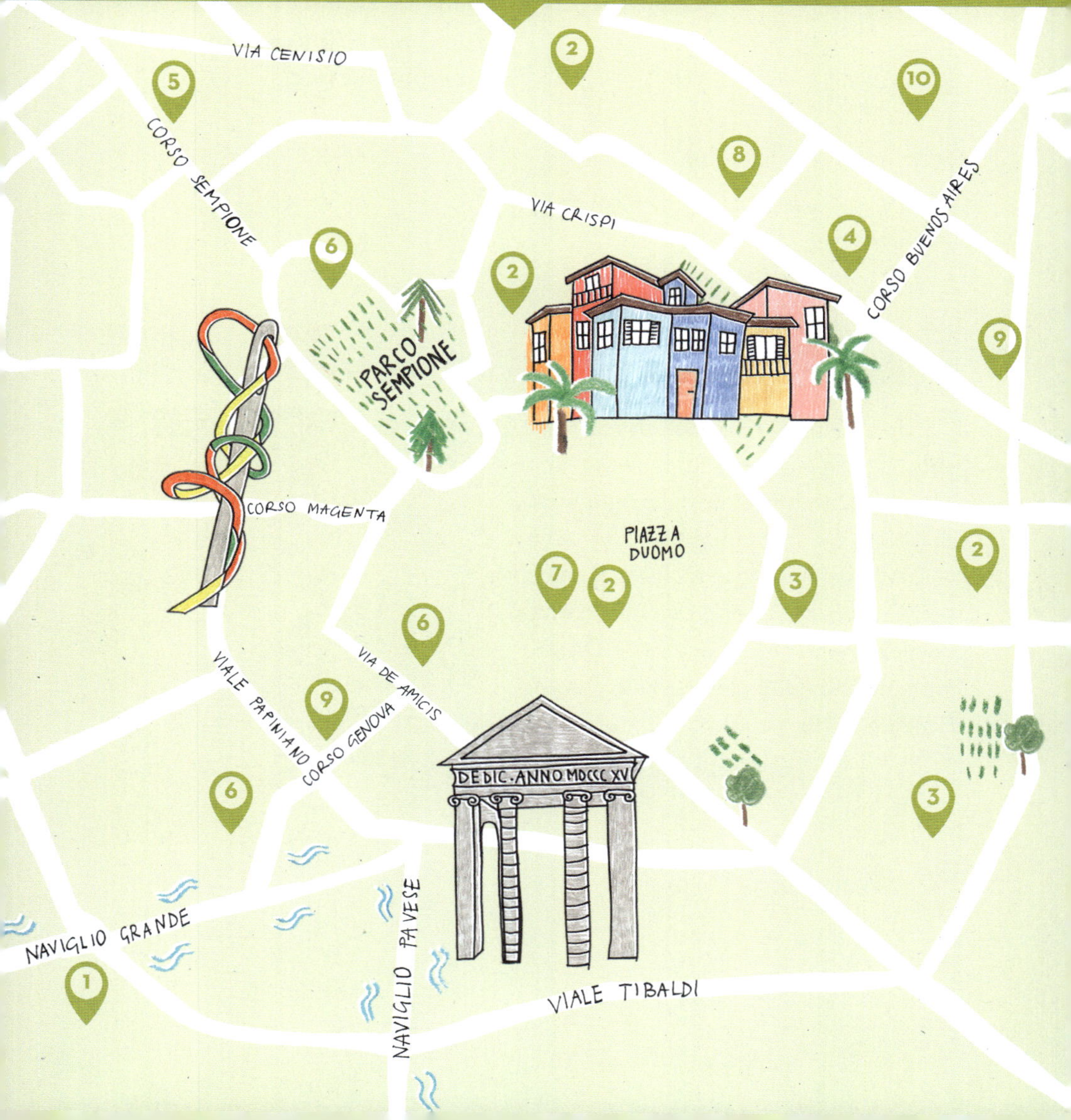
VIA CENISIO
CORSO SEMPIONE
VIA CRISPI
CORSO BUENOS AIRES
PARCO SEMPIONE
CORSO MAGENTA
PIAZZA DUOMO
VIALE PAPINIANO
VIA DE AMICIS
CORSO GENOVA
DEDIC. ANNO MDCCCXV
NAVIGLIO GRANDE
NAVIGLIO PAVESE
VIALE TIBALDI
1
2
3
4
5
6
7
8
9
10

Dimmi con chi mangi
Easy e all'aperto
Di cosa hai voglia
Vorrei fosse domenica
Bere bene
Shopping & Lifestyle

LA GELATERIA DELLA MUSICA

Abbiamo iniziato ad amarla quando non c'erano ancora le code infinite fuori dal negozio, che adesso invece non è poi così difficile trovare. Merito della varietà dei gusti che cambiano ogni stagione, di alcuni *evergreen* particolarmente indovinati, come il pistacchio di Bronte, e dei loro *masterpiece*: il **pane, burro & marmellata** e **mascarpone & noci**.

(1) Via Lodovico il Moro 3, 02 39288619 | €

ARTICO

Da trent'anni Artico, **nel cuore dell'Isola**, delizia il palato dei milanesi con i suoi **cioccolati** (davvero di ogni sorta: dal bianco alle mandorle e pistacchi, al fondente fino ad arrivare a quello ai sette pepi), ma anche con la **liquirizia**, uno dei nostri gusti preferiti. **Da provare, anche nelle altre sedi in Duomo, Brera e Città Studi.**

(2) Quattro sedi a Milano | €

PAVÉ GELATI E GRANITE

Pavé è uno dei nostri bar-pasticcerie preferiti, la cui famiglia si è allargata con due gelaterie: una in zona Tribunale e una in via Cadore. La carta dei gusti non è lunghissima, ma accanto a quelli classici ne annovera anche di particolari, come la **sbrisolona**, la **tarte tatin**, la **tonka** e il **caffè e cardamomo**. Non lasciatevi sfuggire nemmeno i sorbetti in numerose varianti e le buonissime granite. Alcuni prodotti come **i cioccolati, i biscotti e le torte** sono **in vendita**, per portare anche a casa un po' di Pavé!

3 Via Cesare Battisti 21, 02 94383619; via Cadore 30, 02 37905496, | €

GELATO GIUSTO

Dalle parti di **corso Buenos Aires**, Gelato Giusto è ormai un punto di riferimento, grazie ai suoi gusti super cremosi, tra cui il lampone, davvero buonissimo, e soprattutto il **tè matcha**. Basterebbe questo per **passarci 'casualmente' davanti almeno una volta alla settimana!**

4 Via San Gregorio 17, 02 29510284 | €

IL MASSIMO DEL GELATO

Se capitate **dalle parti di corso Sempione**, non potete non fare uno stop in questa storica gelateria di Milano, famosa soprattutto per i suoi **cioccolati** presenti in una decina di varianti, dal 100% cacao a quello al **peperoncino** e alla **cannella**. Ma per chi non ama il cioccolato, anche gli altri gusti valgono una pausa.

5 Via Lodovico Castelvetro 18, 02 3494943 | €

GUSTO 17

Con i suoi due locali, in **zona Tortona** e all'**Arco della Pace**, Gusto 17 è il posto giusto in città in fatto di gelato artigianale. Sedici gusti cremosissimi creati con le migliori materie prime, più uno, il gusto 17, quello dei desideri, suggerito dai clienti che si divertono a creare originali accostamenti. In assoluto **il miglior pistacchio salato e il croccantino con amarene mai assaggiati**.

6 Via Savona 17, 02 39811835; via Luigi Cagnola 10, 02 49709618 | €

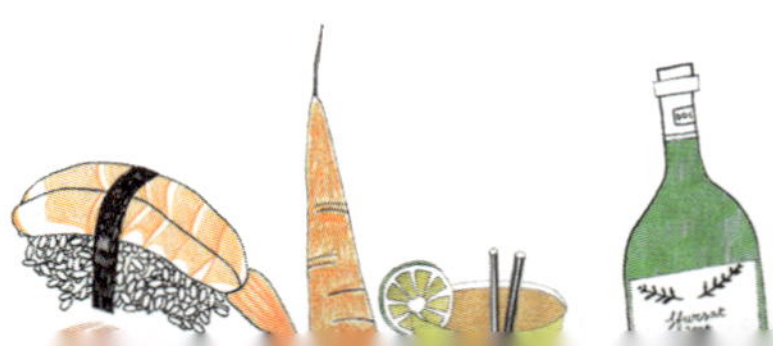

CIACCO

'Gelato senz'altro' recita il nome di questo laboratorio **in pieno centro**, perché il gelato, qui, è completamente privo di qualsiasi additivo, fatto di solo latte o acqua, zucchero, proteine, fibre vegetali e materie prime selezionate. Il risultato è un gelato cremoso, con un gusto autentico e genuino, **facilmente digeribile anche dagli intolleranti al lattosio** (infatti, qui gran parte dei gusti è realizzata senza latte).

7 Via Spadari 13, 02 39663592 | €

TERRA GELATO

Terra Gelato è tra le più nuove **gelaterie artigianali di Milano**, ma ha già conquistato anche i palati più esigenti. La sua proposta varia dai gusti più classici a quelli gourmet, come **burro di arachidi**, **yogurt**, **miele** e **noci** e **zabaione Amleto**. E per gli indecisi consigliamo la box da 6 o 12 gusti per provare un po' di tutto!

8 Via Vitruvio 38, 02 91948458 | €

Dimmi con chi mangi
Easy e all'aperto
Di cosa hai voglia
Vorrei fosse domenica
Bere bene
Shopping & Lifestyle

MASTRI ARTIGIANI DEL GELATO

Un laboratorio artigianale in cui la tradizione detta le regole, imponendo tempi lunghi di lavorazione, sinonimo di qualità. Ottimo il gelato realizzato con le migliori materie prime, ma buonissimi anche la piccola pasticceria, **il gelato biscotto personalizzabile al momento, le praline gelato, le granite e i cremosi con yogurt** e farciture a scelta.

9 Corso Genova 26, 02 49454095; viale Gran Sasso 27, 02 36578824 | €

ANTICA GELATERIA SARTORI

Dal 1937, questo chiosco alle spalle della **Stazione Centrale** è una **tappa obbligatoria per gli amanti del gelato e delle granite**. Lo slogan è 'Gelati Sartori, gelati superiori!', e questo, gelato superiore lo è davvero grazie alla passione e alla cura nella scelta degli ingredienti. I gusti sono i più classici, come nocciola, pistacchio, fragola e fiordilatte, ma eseguiti a regola d'arte!

10 Piazza Luigi di Savoia, angolo via Giovanni Battista Pergolesi | €

TRATTORIE MILANESI

OSTERIA ALLA GRANDE

Fortunatamente esistono posti come questo nel **quartiere Baggio**, che riportano la parola 'osteria' nei confini di un luogo dall'**atmosfera amichevole**, in cui si serve **cibo semplice e casalingo**. Il menu è essenziale e contiene classici della cucina meneghina: oltre ai piatti di salumi e formaggi di antipasto, come primi troverete risotti, gnocchi, tortelli, tagliatelle e, tra i secondi, arrosti, brasati, polpette, cotoletta, ossobuco, trippa. **Tutto buono**, anche i dolci. L'ingrediente in più? Il piglio dello Smilzo (il proprietario) e gli stornelli del sabato sera.

1 Via Forze Armate 405, 02 48911166 | €

ANTICA OSTERIA IL RONCHETTINO

Poco oltre Gratosoglio, in una cascina che potremmo definire 'shabby chic', Il Ronchettino propone **cucina lombarda, con qualche incursione in quella emiliana.** Tra gli antipasti, menzione d'onore ai *mondeghili*, tra i primi risotto alla milanese con rognoncini di vitello e, tra i secondi, il diaframma scottato e le cervella fritte alla milanese. Un plauso va alle **porzioni super generose e all'ambientazione curata, anche grazie al bel giardino** perfetto per le giornate estive. Consigliato **per una cena di coppia o in famiglia.**

2 Via Lelio Basso 9, 342 5643955 | €€€

CASOTTEL

Non sembra nemmeno di essere a Milano, ma nel **paese del *Ragazzo di Campagna* di Pozzetto**, in questa trattoria in zona Porto di Mare, tanto distratta nel servizio quanto rassicurante nei piatti. Tutti i giorni l'instancabile signora Isa prepara **una cassoeula da competizione**, ma anche con la trippa e gli gnocchi al ragù si va sul sicuro.

3 Via Fabio Massimo 25, 02 57403009 | €€

TRATTORIA DEL NUOVO MACELLO

Esiste dal 1928 questa trattoria in **zona Ortomercato**: da allora si sono sicuramente raffinati gli impiattamenti e perfezionate le tecniche di preparazione, ma certamente non è cambiata la scelta di ingredienti tradizionali e di altissima qualità, con un risotto con gli stimmi di zafferano indimenticabile e **una cotoletta tra le migliori (e più alte) della città**.

4 Via Cesare Lombroso 20, 02 59902122 | €€

ANTICA TRATTORIA DELLA PESA

Le vicende di questa storica trattoria meriterebbero di essere **raccontate in un film** (si dice che Ho Chi Minh abbia lavorato qui come cuoco negli anni Trenta); noi ci limiteremo a decantarvi un **riso al salto croccante e saporito, un ossobuco che si scioglie in bocca** e un'atmosfera piacevolmente retrò. Meno esaltanti i prezzi, purtroppo allineati a quelli di una zona tra le più care della città.

5 Viale Pasubio 10, 02 6555741 | €€€

MASUELLI SAN MARCO

Da tre generazioni la famiglia Masuelli gestisce questo **bellissimo locale** (soffermatevi sui lampadari anni Trenta di Gio Ponti), che nel menu richiama l'origine **piemontese** della famiglia (con agnolotti del plin e bonet), ma che **trova compiutezza nella tradizione lombarda**: è qui che un non milanese deve venire ad assaggiare il risotto con l'ossobuco per la prima volta. Fornitissima la cantina, in cui stavolta vince la sponda piemontese (con Barbaresco e Barolo su tutti).

6 Viale Umbria 80, 02 55184138 | €€

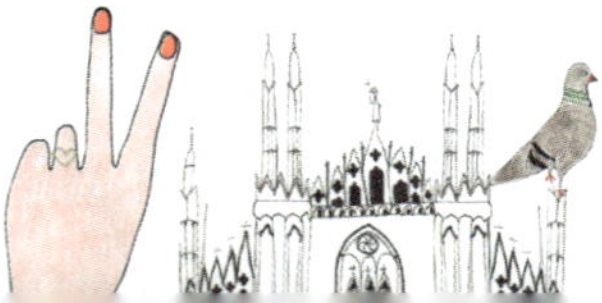

PREMIATA TRATTORIA ARLATI DAL 1936

Un ristorante che può essere definito leggendario, visto che ha aperto nel 1936 e che in passato ha ospitato anche jam session di Lucio Battisti e Renato Zero. Il menu è super tradizionale: buonissimi la cotoletta, l'ossobuco e le lumache, ma **è il riso al salto il piatto da prendere a tutti i costi**. I prezzi sono decisamente onesti, considerando anche il servizio attentissimo e **l'ambiente splendido e un po' onirico**, dominato da un enorme struzzo ricavato da carte da gioco.

7 Via Alberto Nota 47, 02 6433327 | €€

OSTERIA DELL'ACQUABELLA

Le polpette (o meglio, i *mondeghili*, in milanese) sono un piatto che riteniamo ingiustamente sottovalutato, un comfort food difficilmente eguagliabile; in questa calda e accogliente trattoria in **Porta Romana** le **polpette sono semplicemente straordinarie**, ma buonissimi sono anche il riso al salto e l'ossobuco. Altrettanto da non sottovalutare, la cordialità del personale e la modestia del conto.

8 Via San Rocco 11, 02 58309653 | €€

TRATTORIA AURORA

Una **meravigliosa sala liberty e uno splendido dehors** estivo fanno da cornice a un quadro che si colora con il giallo del risotto con l'ossobuco e il verde della salsa che accompagna i bolliti, **i due piatti che vi consigliamo con più entusiasmo**. Ben sopra la media anche il **brasato** e la **cotoletta** (qui servita nella versione sottile e croccante), così come il servizio, tra i più professionali e garbati della città.

9 Via Savona 23, 02 8323144 | €€

TRATTORIA MILANESE DAL 1933

A pochi passi dal Duomo ma lontano dai classici ristoranti acchiappaturisti del centro, dal 1933 questa trattoria dall'ambiente d'altri tempi serve **i più classici piatti della cucina meneghina:** risotti, costolette, ossobuco e *mondeghili* sono tutti degni di un assaggio, ma lasciate uno spazio per concludere il vostro pasto con lo **zabaione**, semplicemente buonissimo.

10 Via Santa Marta 11, 02 86451991 | €€

CUCINE DAL MONDO

VERANDA

In questo piccolo ristorante in zona Cinque Giornate, troverete **specialità russe e ucraine (e fiumi di vodka!) in un'atmosfera spartana e divertente**. La carta annovera i grandi classici, dagli antipasti più tradizionali alle zuppe, dal vitello alla Stroganoff al goulash, **ma anche specialità meno note** come i *vareniki* (ravioli ucraini ripieni di patate, funghi e cipolle). Un piatto da assaggiare sicuramente è lo *shashlik*, carne di maiale marinata dodici ore con spezie georgiane e cipolle. Il vero punto di forza è la vulcanica proprietaria: sul finale, cantate con lei qualche canzone e non rifiutate uno shot di vodka!

1 Via Bezzecca 6, 02 39980378 | €€

WARSÀ

Bel locale, musica africana in sottofondo, profumo di spezie nell'aria: in una parola, Warsà. Questo **ristorante eritreo** in zona Porta Venezia, propone un solo piatto, lo **zhighinì**, con verdure e **cuscus**, declinato in tre varianti: vegetariano, di pesce e di carne (manzo o pollo). Un avvertimento: arrivate con le mani pulite, **qui le posate non esistono**, in pieno stile eritreo!

2 Via Melzo 16, 02 201673 | €€

DAWALI

La carta di questo **ristorante libanese** è molto lunga ma, se volete provare un po' di tutto, potete scegliere un **menu degustazione** che comprende anche le *mezzeh*, una selezione di antipasti freddi e caldi pressoché infinita; ne trovate anche uno vegano e uno vegetariano. I piatti sono tutti ben presentati e davvero **abbondanti**, e l'atmosfera è semplice, adatta per una cena a due, ma anche per compagnie più numerose. In alcune serate è previsto anche uno spettacolo di **danza del ventre**!

3 Via Corrado II il Salico 10, 02 84895668 | €€

YUM

La **cucina filippina,** di cui esistono pochissimi esempi a Milano, trova una delle sue espressioni più riuscite in questo locale in **zona Solari**. Il menu per cena prevede diverse portate, suddivise tra **bowl** (scodelle di riso guarnite di ogni bontà), ***pansit*** (i noodles filippini), piatti di **carne** e portate a base di **verdure**. Consigliatissime le prime: in un piatto si mischiano **mille sapori diversi**, senza però che nessuno prevarichi sugli altri, e il gusto finale è incredibilmente fresco, perfetto anche per le sere d'estate. Da provare poi la **cheesecake con patate viola in glassa di mango**.

4 Viale Coni Zugna 44, 328 0952704 | €€

RISTORANTE INDIANO TARA

Astenersi contrari al piccante e alle spezie: la **cucina indiana**, si sa, è fatta per palati abituati agli eccessi! In una via a pochi passi dall'**Arco della Pace**, Tara è una garanzia. Il piatto forte è il *tandoori*, da accompagnare a qualche porzione di **pane *naan* liscio e con il formaggio, perfetto da intingere** nelle salsine allo yogurt e menta e in quelle più piccanti. Se siete **vegetariani** o **celiaci**, nessun problema: diverse le specialità veggie in carta, oltre a quelle gluten free. Attenzione: quando da Tara vi dicono che un piatto è piccante, è piccante davvero!

5 Via Domenico Cirillo 16, 02 3451635 | €€

HANA

A due passi dal Duomo, Hana è **sicuramente uno dei ristoranti coreani più eleganti della città**. La bellezza della location è direttamente proporzionale alla bontà del cibo che, tra ravioli, gnocchi e zuppe, raggiunge il suo apice in **un *bibimbap* davvero speciale, soprattutto nella versione con calamari piccanti**. Tra le bevande, non perdetevi il tè aromatizzato al miele e cedro e, se volete osare di più, un sorprendente vino di prugne verdi.

6 Via Giuseppe Mazzini 12, 02 36513597 | €€

D'KARBON & LIMON

In questi **semplici e festosi ristoranti peruviani** a Romolo e a San Cristoforo si può assaggiare uno dei migliori *ceviche* della città, realizzato con pesce freschissimo e marinato perfettamente. Non mancano altri piatti tipici, come l'*arroz* con *mariscos*, il *chicharron* e i *picarones* con patate dolci. Il tutto da innaffiare con l'imprescindibile *Inca Kola*, una bevanda gassata a cui è impossibile resistere!

7 Viale Tibaldi 10, 02 39810884; piazza Tirana 22, 02 4156544 | €

PIEDRA DEL SOL

Piedra del Sol in **zona Repubblica** è uno dei ristoranti **messicani storici a Milano. In questo locale davvero tipico si mangiano *fajitas*, *tortillas*, *enchiladas*, *frijoles*** e ovviamente i ***burritos***, proposti con manzo, pollo o in versione vegetariana e accompagnati da salse di ogni sorta, come il delizioso *guacamole*. Degna di nota anche la lista delle bevande, tra cui numerosi cocktail, come il margarita. Ne uscirete sazi e sorridenti!

8 Via Emilio Cornalia 2, 02 6691901 | €€

Dimmi con chi mangi
Easy e all'aperto
Di cosa hai voglia
Vorrei fosse domenica
Bere bene
Shopping & Lifestyle

UZBEK

Se vi piace sperimentare nuovi sapori provenienti da Paesi meno conosciuti e vi piacciono i posti in cui sentirvi **come a casa**, questo è il ristorante che fa per voi: si trova alle **porte di Isola** e propone la **cucina uzbeka**, con qualche incursione russa e georgiana. Per un'esperienza davvero autentica non perdetevi il *khachapuri* georgiano, il *lagman* e il *plov* uzbeki, e pasteggiate con vodka di marche che non troverete facilmente in Italia.

9 Via Carlo Farini 38, 327 7454584 | €€

KOMENN THAI

Se i **piatti thailandesi** sono la vostra passione non perdetevi questo ristorante in zona Porta Romana, con **un ottimo rapporto qualità-prezzo**. Il *pad thai* qui è uno dei migliori in città, ma in generale tutte le pietanze della tradizione, come la zuppa di gamberi o le puntine di maiale alla griglia con salsa *sriracha*, sono preparate e presentate con cura. L'atmosfera è rilassata, anche nel giardino coperto sul retro a cui si accede attraversando un caratteristico ponticello.

10 Via Lazzaro Papi 5, 02 55012092 | €€

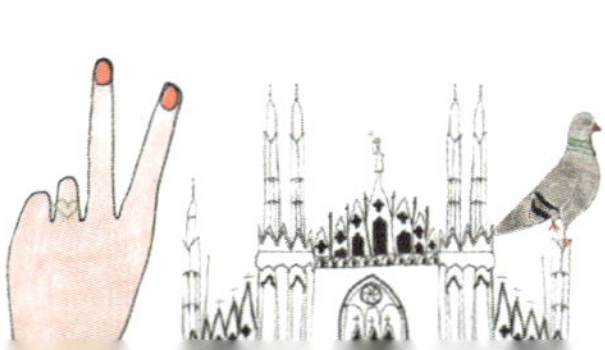

RISTORANTI CINESI

Dimmi con chi mangi
Easy e all'aperto
Di cosa hai voglia
Vorrei fosse domenica
Bere bene
Shopping & Lifestyle

FAN WU

Nel quartiere di **Porta Venezia**, Fan Wu porta in tavola piatti del Sichuan: tanto **piccante**, ricette e ingredienti anche molto particolari, come le carni (fegato, rane, frattaglie), ma anche **piatti più tradizionali** come il pollo *kung pao*, il pesce saltato, gli spaghetti e le zuppe. Largo spazio anche alle verdure, tra cui spiccano melanzane, asparagi e cavolo cinese. Atmosfera piacevole con tavolini ben divisi e un piccolo soppalco perfetto per le cene o i pranzi di gruppo.

1 Viale Tunisia 30, 02 49690934 | €

LE NOVE SCODELLE

All'inizio di **viale Monza**, ecco una trattoria cinese **ben pensata, ben arredata e 'ben cucinata'** per far conoscere la cucina del Sichuan. Nove i piatti (le scodelle, appunto) in carta, principalmente a base di carne, tutti molto, molto saporiti. **Gli ingredienti sono di prima scelta e si sente**: le verdure sono bio, le carni arrivano dalla macelleria di Walter Sirtori, mentre le farine sono delle Cascine Orsine. Il piccante è sicuramente l'elemento caratterizzante, così come le spezie, lo zenzero e i sapori aciduli della fermentazione in salamoia fatta in casa.

2 Viale Monza 4, 331 8001116 | €

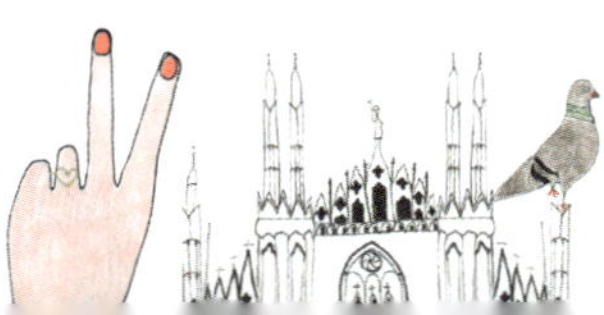

WANG JIAO

Nelle sue quattro sedi, Wang Jiao mette in tavola prelibatezze cinesi alla portata di tutti. Il piatto per cui è più celebre questa insegna è, senza dubbio, **la mitica scodella di fuoco**, un wok pieno di bontà spesso piccantissimo. Alla fine, uscirete sazi, a fronte di una spesa minima. Super consigliato!

3 Quattro sedi a Milano | €

MANDARIN 2

A pochi passi da piazza Piola, in zona **Città Studi**, ha sede il Mandarin 2, un'istituzione per i milanesi che qui faticano a scegliere tra i tanti piatti in carta, **tutti tradizionali ma eseguiti in maniera sorprendente**. Non mancano spaghetti di riso, ravioli di ogni tipo e, ovviamente, zuppe varie, ma se ordinerete anche un piatto di pesce, come il rombo con le verdure o il salmone in salsa agrodolce, non rimarrete delusi!

4 Via Garofalo 22/A, 02 2664147 | €€

KIM BAR CHINESE BISTROT

In zona Buonarroti, questo ristorante porta in tavola i piatti della regione tra Canton e Hong Kong a un prezzo ragionevole e con tanti 'fuori menu' pazzeschi, con ingredienti freschi di giornata. Il consiglio è di **chiedere quali sono i piatti del giorno**. Qui **la pasta è quasi tutta tirata a mano** e c'è anche una discreta selezione di ricette **vegetariane** o a base di **tofu**.

5 Via Correggio 16, 339 2936017 | €

MAO HUNAN RESTAURANT

Mao Hunan è uno dei nostri **posti preferiti per mangiare i ravioli cinesi**, ma non solo. In questo ristorante parecchio folcloristico in zona **Loreto** potrete gustare tante bontà tipiche della zona dello Hunan. Per gli stomaci forti c'è una pagina del menu dedicata esclusivamente ai piatti più *hardcore* a base di polmoni, reni e zampe di gallina o maiale.

6 Via Nicola Antonio Porpora 5, 02 49787361 | €

HUA CHENG

Se avete voglia di sperimentare **un locale davvero tipico e altrettanto spartano**, Hua Cheng, in zona **Paolo Sarpi,** fa al caso vostro. Le specialità sono quelle di Wenzhou, quindi non piccanti, e il piatto forte è costituito da ravioli e pasta fresca. L'atmosfera è popolare – un tempo era frequentato da soli cinesi, poi è diventato celebre anche tra gli italiani – e mangiare qui è davvero economico.

7 Via Giordano Bruno 13, 02 3451613 | €

LON FON

In **zona Porta Venezia**, Lon Fon propone una cucina cantonese con piatti della tradizione **gustosi e per niente pesanti**: dai ravioli agli spaghetti, dalla carne al pesce fino alle portate vegetariane, qui non potrete rimanere delusi. Il piatto forte della casa è il mix di **ravioli di gamberi e di carne al vapore**. Un consiglio: prenotate, perché il locale è spesso al completo.

8 Via Lazzaretto 10, 02 29405153 | €€

BON WEI

Da molti è ritenuto uno dei migliori ristoranti cinesi in città. La cucina di Bon Wei è di **ispirazione cantonese**, con qualche incursione tra i piatti di Shanghai e del Vietnam. Quello che amiamo di più è l'**anatra alla pechinese**, una pietanza che talvolta non è presente (almeno continuativamente) nei menu dei ristoranti cinesi in città e che qui, invece, è sempre disponibile. Atmosfera chic, forse addirittura troppo, **conto impegnativo**.

9 Via Lodovico Castelvetro 16-18, 02 341308 | €€€

KOTA RADJA

Da più di 30 anni questo ristorante in zona Conciliazione continua a vantare quel **fascino di una volta** che avevano i ristoranti cinesi prima che le più recenti mode di design minimal prendessero il sopravvento. Tra porcellane, intagli, statue e musica orientale in sottofondo, scegliete senza indugio i **piatti più tradizionali della cucina cinese**, come i ravioli di gamberi e gli spaghetti di soia. E alla fine il gelato fritto, per tornare definitivamente bambini.

10 Piazzale Francesco Baracca 6, 02 468850 | €

RISTORANTI GIAPPONESI

Dimmi con chi mangi
Easy e all'aperto
Di cosa hai voglia
Vorrei fosse domenica
Bere bene
Shopping & Lifestyle

GASTRONOMIA YAMAMOTO

Questo piccolo ristorante a due passi da piazza **Missori** porta nel cuore della città, sia a pranzo – in versione 'snella' con delle pratiche ***bentō*** – sia a cena, specialità del Giappone che vanno al di là del solito sushi (che infatti non è presente in menu). Il piatto forte del locale, da provare assolutamente, è la **cotoletta di maiale** accompagnata dalla salsa *tonkatsu*, ma non lasciatevi sfuggire nemmeno la zucca stufata e i diversi tipi di alghe tra gli antipasti; per concludere, il ***dorayaki***, pancake giapponese servito con gelato alla crema, frutta e una spolverata di matcha, è un'altra scelta obbligata!

1 Via Amedei 5, 02 36741426 | €€

SUSHITECA OMACASÉ

In **zona Darsena**, vicino a Porta Genova, c'è **il ristorante giapponese di cui tutti sentivamo il bisogno.** *Chirashi* e *maki* davvero sublimi, pesce freschissimo, riso cotto alla perfezione e porzioni abbondanti in un ambiente piccolo (indispensabile la prenotazione!) e curato, dall'atmosfera quasi magica. Il consiglio è di accomodarvi al **bancone** e assistere alla preparazione quasi cerimoniale di ogni piatto.

2 Corso Cristoforo Colombo 1, 328 9337212 | €€

KANPAI

Si mangia davvero bene in questo ristorante di **Porta Venezia**, ottimo per un pasto completo, ma che si presta alla perfezione anche per uno **spuntino prima di cena**, grazie a una proposta di cocktail di ispirazione orientale, sakè e piatti pensati per la condivisione, come nelle tradizionali ***izakaye***. Qui si gustano gli **ingredienti tipici della tradizione giapponese** in ricette rivisitate con creatività, come i sorprendenti *mozuku*, spaghettini di alghe con aceto *sanbaizu*, e la buonissima pancetta di maiale con cavolo bianco e senape.

3 Via Melzo 12, 02 38269862 | €€

SUMIRE

Se siete stati in Giappone almeno una volta nella vita e vi mancano i sapori della sua cucina mirabolante, in questo ristorante in **Moscova** potreste ritrovarne qualcuno, senza dover per forza prenotare un biglietto per il Sol Levante. In questo piccolo locale si preparano i capisaldi della tradizione culinaria nipponica, con un occhio attento sia agli ingredienti sia alle preparazioni. **Una nota di merito va alle capesante e alle portate a base di curry** che a pranzo la fanno da padrone. Atmosfera essenziale e servizio gentile faranno il resto.

4 Via Varese 1, 02 91471595 | €€

NOZOMI

Da Nozomi, in zona **corso Indipendenza**, in carta **non ci sono né sushi né sashimi**, ma non se ne sente assolutamente la mancanza vista la qualità di tutti i piatti proposti. Qui troverete menu completi composti da riso, zuppa di miso, un piccolo antipasto e un piatto principale. Tra fritti e specialità grigliate buonissime, **noi vi consigliamo la melanzana spalmata con miso alla griglia**, davvero incredibile.

5 Via Pietro Calvi 2, 02 76023197 | €€

OSAKA

Tra i ristoranti giapponesi storici di Milano c'è Osaka in **corso Garibaldi**. Se venite qui, provate lo ***shabu shabu*** – una fonduta con fettine di carne – o, ancora meglio, il **ramen**. Se non siete tipi da zuppa, ai grandi classici (sushi, sashimi e tempura) si alternano portate più tipiche, come gli **spiedini di tofu** con salsa di sesamo e salsa di melanzane, una vera delizia per il palato! Tra i clienti, tantissimi orientali, sempre una garanzia di qualità.

6 Corso Garibaldi 68, 02 29060678 | €€

POPOROYA

Considerato da molti *il* sushi per definizione a Milano, è anche e soprattutto uno dei primi. Intimo, carino nel format (troverete infatti anche **un ministore** con prodotti alimentari giapponesi) e davvero curato negli ingredienti, non servono tante parole per descrivere quella che ormai è una vera e propria leggenda. Sfidiamo chiunque a non conoscere **il chirashi di Shiro,** e se invece siete tra i pochi a non averlo ancora provato, **chiudete questa guida e prenotate subito**!

7 Via Bartolomeo Eustachi 17, 02 29406797 | €€

MIYABI

A pochi passi da **piazza San Babila**, questo ristorante giapponese ha scalato velocemente la classifica dei nostri preferiti. Difficile descrivere a parole la qualità degli ingredienti che compongono un menu che parte da una selezione nutrita di insalate e antipasti fritti, carpacci e tartare, per poi passare ai grandi classici di sushi, sashimi, chirashi e nigiri. Il vero tripudio, però, lo troviamo con gli **uramaki**, tra cui gli speciali 'Uramaki Chef', tutti da provare!

8 Corso Monforte 26, 02 36709380 | €€

Dimmi con chi mangi
Easy e all'aperto
Di cosa hai voglia
Vorrei fosse domenica
Bere bene
Shopping & Lifestyle

OASI GIAPPONESE

Nel **quartiere Primaticcio**, questo locale esiste dal 2002 quando, in veste di take away, riforniva i *bento box* – i cestini per il pranzo – degli studenti della vicina scuola elementare giapponese. Tutti i piatti valgono un assaggio ma, se venite qui per la prima volta, prendete il **chirashi**, senza dubbio uno dei migliori della città. L'atmosfera è spartana, ma sarete troppo concentrati sulla bontà del cibo per accorgervene.

9 Via Privata Raimondo Montecuccoli 8, 02 41540047 | €€

J'S HIRO

Questo piccolo ma grazioso ristorante è sempre un'ottima soluzione per mangiare cibo giapponese in **Porta Romana**. Buonissimo il **tempura**, così come il **sushi** (provate quello di granchio!) e la **tartare** di tonno. Voto alto anche ai diversi piatti caldi in carta (soprattutto la pasta fresca) e interessante la possibilità di ordinare un menu del giorno ben strutturato all'ora di pranzo.

10 Via Carlo Vittadini 7, 02 58320038 | €€

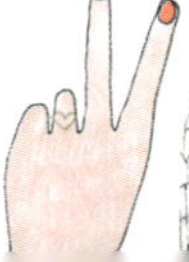

3 RAMEN BAR IMPERDIBILI

Il ramen è sempre una buona soluzione per riprendersi dal freddo degli inverni milanesi. A noi però piace anche d'estate e qui troverete la nostra selezione per mangiarne uno buonissimo in tutte le stagioni.

CASA RAMEN E CASA RAMEN SUPER

Se ci seguite su Instagram, saprete sicuramente che questo locale e la sua sede 'Super', a pochi passi di distanza, sono tra i nostri preferiti da tempo. Nel menu troverete tante specialità anche poco conosciute, ma **qui si parla di ramen e questo è semplicemente il migliore di Milano**: scegliete la versione con brodo di pesce e ombrina arrosto e difficilmente riuscirete a non scottarvi, vista la voracità con cui lo vorrete terminare.

11 Via Luigi Porro Lambertenghi 25, 02 39444560; via Ugo Bassi 26, 02 83529210 | €€

ZAZÀ RAMEN

Con la sua **atmosfera minimal e super rilassante**, questo locale in **via Solferino** è forse meno tipico di altri, ma se ne esce sempre soddisfatti, soprattutto se accompagnate la vostra zuppa – qui proposta in ben sette versioni diverse – con una delle loro buonissime **birre giapponesi**. Lo abbiamo provato a pochi giorni dalla sua apertura, ormai anni fa, e siamo soliti tornarci con una certa frequenza, perché ci fa sentire coccolati.

12 Via Solferino 48, 02 36799000 | €€

MI-RAMEN BISTRÒ

Da Mi-Ramen Bistrò, minuscolo locale non lontano dalla **Darsena**, il ramen lo sanno fare proprio bene! Noi vi consigliamo il 'Deluxe Spicy', tanto buono quanto piccante. Nota di merito anche agli **antipasti**, ben presentati, al **servizio più che gentile** e ai **prezzi decisamente contenuti**. Altrettanto positivo il giudizio sull'altra sede in piazza Napoli.

13 Viale Col di Lana 15, 339 2322656; piazza Napoli 21, 375 6148902 | €€

RISTORANTI ECONOMICI

TRATTORIA SABBIONEDA DA ROMOLO

Un locale rustico a conduzione familiare non lontano da **corso Buenos Aires** che propone **cucina milanese-mantovana**. I piatti si contraddistinguono per le porzioni abbondanti e per i sapori semplici ma decisi: noi vi consigliamo una **cotoletta alla milanese con patate al forno che ci ha conquistato**! Tra le altre proposte in carta, troverete il brasato al Barolo, lo stinco al forno, il misto di arrosti e le polpette. Il locale trasmette **aria di casa** appena si varca la porta e il conto è una piacevolissima sorpresa.

1 Via Alessandro Tadino 32, 02 29521014 | €

TESTONE

L'**Umbria** era una delle regioni meno rappresentate nel variopinto mosaico della ristorazione milanese, almeno fino a quando in città non è sbarcato Testone. I due locali in città propongono **cibo della tradizione regionale a prezzi decisamente competitivi** e in un'atmosfera che, come recita il loro sito, è quella della 'casa della nonna'. Torta al testo farcita con ingredienti a scelta, **taglieri**, **pasta fatta in casa**, **carni alla brace** e qualche scelta più leggera (pappa al pomodoro, panzanella, caprese), tutto in **porzioni gargantuesche** e in un ambiente rassicurante semplicità.

2 Viale Bligny 13; via Vigevano 3, 02 8378024 | €

LA RAVA E LA FAVA

La Rava e la Fava è una trattoria nel senso letterale del termine: piccolina, sicuramente non con un arredo di design, ma comunque decoroso, e un servizio gentile. Le portate, tutte **abbondanti**, sono principalmente della **cucina piemontese** e spaziano dagli gnocchi verdi al formaggio di Bra all'arrosto e al lesso. Provate il ***bonèt*, degno di una *piola* di Torino**.

3 Via Principe Eugenio 28, 02 33602175 | €

ZIBO – CAMPO BASE

Dal food truck al ristorante, la strada è breve se sei bravo. E i ragazzi di Zibo, bravi lo sono. Il menu è corto e **molto semplice**, nella sua suddivisione tra gli **sfizi** (antipasti e frittini), i **ravioli** e **sandwich** vari. I fritti sono impanati alla perfezione, bollenti come devono essere e super croccanti, la carne molto saporita. I ravioli in lista cambiano periodicamente, ma se ci sono vi consigliamo i **gyoza alla milanese**, i tipici ravioli giapponesi con farina di riso, ripieni di ossobuco alla milanese, piastrati e serviti con una salsa di midollo e zafferano. Il locale è mini, ma non per questo meno accogliente, e il prezzo economico.

4 Via Caminadella 21, 02 35999463 | €

Dimmi con chi mangi
Easy e all'aperto
Di cosa hai voglia
Vorrei fosse domenica
Bere bene
Shopping & Lifestyle

TRATTORIA SAN FILIPPO NERI

In **zona Precotto**, un posto davvero caratteristico, con grandi tavoli popolati da una **eterogeneità** difficilmente riscontrabile in altri posti (giovani, anziani, coppie, gruppi...) Il meglio del menu sono i ***mondeghili***, il **calamaro** ripieno e il **tiramisù. Il conto è piccolo, tanto quanto grande è il cuore** di un locale che, al netto di innegabili difetti, è **pervaso da passione e impegno**.

5 Viale Monza 220, 02 84344847 | €

IL BRUTTO ANATROCCOLO

Il Brutto Anatroccolo è una storica trattoria che sembra uscita direttamente dagli anni Settanta. Cucina casereccia e tradizionale, **prezzi molto contenuti** e soprattutto un clima 'da osteria' perfetto per una cena tra amici. Durante il fine settimana non prendono prenotazioni: arrivate con un po' di anticipo rispetto all'orario di apertura, e preparatevi ad affrontare una **lunga coda**. Vi promettiamo che il tutto verrà degnamente ripagato.

6 Via Evangelista Torricelli 3, 02 8322222 | €

LI-SEI DELI

Il profumo deliziosamente speziato del *kimchi* vi accoglierà in questo piccolo locale di specialità coreane a due passi dalla **Darsena**. In un **ambiente semplice ma curatissimo** viene servito un *bibimbap* (il classico piatto coreano con riso, verdure, uova e carne) eccezionale, buonissimi **sandwich**, degli *onigiri* che vi faranno sconfinare in Giappone e uno spettacolare pollo fritto marinato.

7 Via Vigevano 9, 02 49775083 | €

TRATTORIA IL MARINAIO

Mangiare buon pesce a un prezzo ragionevole è sempre difficile e a Milano una tartare di salmone può costare anche decine di euro. Per fortuna esistono locali come questa trattoria all'Isola (e da poco anche in zona Repubblica), che propone **piatti semplici, ma davvero ben preparati e che non peseranno troppo sulle vostre finanze**. Scegliete l'impepata di cozze e il gran fritto misto e non resterete delusi. Di contro, il servizio è un po' disattento e i tempi di attesa tra una portata e l'altra possono risultare davvero snervanti.

8 Via Guglielmo Pepe 12, 02 69005116; via Emilio Cornalia 4, 02 49460540 | €€

MANFREDI AMILCARE

In una delle zone più multietniche di Milano, quella di piazza Maciachini, esiste dagli anni Sessanta questa trattoria gestita da Gilberto e Amedeo, **due fratelli con la passione per il buon cibo e per l'Inter**. Le pareti in perlinato sono testimonianza dei tempi che furono e anche i prezzi sono rimasti fermi ad almeno vent'anni fa. La cucina è **veracemente italiana**, con una spiccata predilezione verso le ricette del Nord Italia. Noi vi consigliamo soprattutto i **secondi** (cotoletta, bollito e nervetti), da gustare mentre scambiate opinioni sul nuovo attaccante nerazzurro con il vostro vicino di tavolo. Se invece preferite i primi, anche le paste si difendono bene, grazie a piatti semplici ma di sicuro appagamento, come i maccheroni al burro, i ravioli al pomodoro e le penne al ragù.

9 Via Carlo Imbonati 11, 02 6081008 | €

TRATTORIA LA MADONNINA

Immaginate **la trattoria ideale**: pareti ricoperte di targhe e foto d'epoca ('vecchie', direbbero i maligni), ambiente festoso, tovaglie a quadretti bianchi e rossi, **solidi piatti tradizionali cucinati bene** (gnocchi, risotti, cotolette, polpette), prezzi bassi e magari un bel dehors per le serate estive. Ecco, state immaginando proprio questo locale, uno di quei posti senza tempo che fortunatamente non esistono solo nella nostra fantasia, ma anche in una **traversa di corso San Gottardo**.

10 Via Gentilino 6, 02 89409089 | €

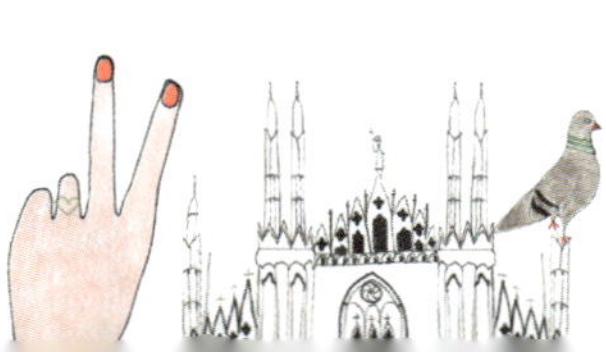

RISTORANTI VEGETARIANI

FAIROUZ

In questo ristorante arredato in stile mediorientale in **via Buonarroti** (e da pochissimo anche in zona Repubblica, in questo caso con una proposta onnivora), il menu è ricco di deliziose **proposte tipicamente libanesi**, tutte **esclusivamente vegetariane**. Per evitare di venir colti dall'imbarazzo della scelta, vi consigliamo di optare per uno dei tre menu degustazione: Fairouz, Sabah e Umm Kultum. Le **porzioni** sono molto **abbondanti** e le *mezzeh* (antipasti freddi e caldi che compongono i menu) siamo certi non vi deluderanno! Nella bella stagione è possibile mangiare anche nella veranda esterna.

1 Via Michelangelo Buonarroti 16, 02 4818331; via Emilio Cornalia 12, 366 5212451 | €€

JOIA

Joia di **Pietro Leemann** è stato il primo ristorante vegetariano in Europa a ricevere la **stella Michelin**. Questo dovrebbe già dire molto a proposito della dedizione e assoluta passione che lo chef svizzero mette nel suo lavoro e nei suoi **piatti, pensati per** appagare il gusto, ma soprattutto **far bene ad anima e corpo**. In un ambiente elegantemente minimal è possibile ordinare i capolavori di Leemann alla carta, oppure scegliere uno dei **tre menu degustazione**.

2 Via Panfilo Castaldi 18, 02 2049244 | €€€

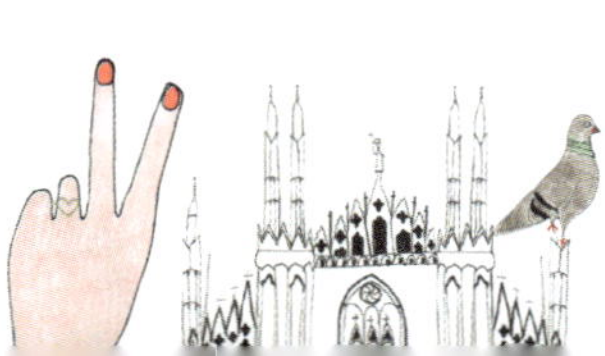

FLOWER BURGER

Flower Burger è la **veganburgheria** con i panini più belli e colorati di sempre. **Ingredienti esclusivamente vegani** farciscono i burger, da accompagnare con salse fatte in casa, buonissime patate al forno e, perché no, un dolcino per finire. Il pasto viene servito in cassette di legno, e le quattro sedi (in Porta Venezia, corso Garibaldi, via Tortona e in Bicocca) sono arredate con uno stile hippie, allegro e variopinto. I posti a sedere non sono molti e sono forse più adatti a un pasto veloce e informale.

3 Quattro sedi a Milano | €

ALHAMBRA

Questa **gastronomia** di **Porta Venezia** è amatissima da vegetariani (e non), e propone un'ampia scelta di saporite ricette vegetariane e vegane. Il locale ha pochissimi coperti, ma si può prendere il proprio pasto d'**asporto** o farselo portare direttamente a casa (con una spesa minima di 10 euro la **consegna** è gratuita). Qui si guarda più alla sostanza che alla forma: la scelta tra le numerose proposte veggie avviene al bancone, componendo un **piatto che si paga a peso**.

4 Via San Gregorio 17, 02 39432750 | €

LA VECCHIA LATTERIA

La Vecchia Latteria, aperta dal 1885, può essere indubbiamente considerata un **pezzo di storia milanese**. Questo piccolo e stretto locale con le piastrelle bianche alle pareti serve **un'ottima (e ben condita) cucina vegetariana**. La proposta è molto varia e comprende diverse bontà: dalle paste ai risotti, dai formaggi alle insalate. Ma il vero protagonista del menu è il **'Misto Forno'** (la porzione singola è molto abbondante, quindi potete anche pensare di dividerla), che racchiude la maggior parte delle pietanze della giornata preparate al forno.

5 Via dell'Unione 6, 02 874401 | €

ALTATTO

Questo piccolo **bistrot** in zona **Greco** è l'evoluzione di un progetto di catering di tre cuoche, nato nella cucina del tempio della gastronomia vegetariana milanese: Joia. La proposta è davvero interessante, con un **carattere molto definito** e una filosofia alla base che dà molta importanza alla qualità del prodotto, al lavoro manuale e artigianale, al rispetto della terra e dei suoi tempi. Il consiglio è quello di farvi guidare dalle chef scegliendo il **menu degustazione**: farete un'**esperienza di alta cucina vegetariana e vegana**.

6 Via Comune Antico 15, 328 6641670 | €€

CAPRA E CAVOLI

Questo ristorante arredato in **stile shabby chic**, con una profusione di lucine che rendono l'ambiente intimo e romantico, è famoso per la sua **cucina prevalentemente vegetariana e vegana**, sebbene abbia in carta anche qualche piatto di pesce. Le proposte sono accattivanti e soddisfacenti, dagli antipasti ai dolci, e **pane e focaccia fatti in casa** sono la ciliegina sulla torta.

7 Via Pastrengo 18, 02 87066093 | €€

RADICETONDA

Nelle due sedi di Radicetonda, il *concept* è chiaro: rispettare l'ambiente nutrendo in modo sano i propri ospiti. A parte le proposte di street food – sempre disponibili –, tutto il resto delle pietanze presenti al bancone **cambia giornalmente**. Paste, insalate, burger, torte salate, tantissime verdure cucinate in svariati modi e – per colazione o merenda – prodotti di **pasticceria artigianale** senza zuccheri raffinati. Perfetto anche per gli intolleranti al glutine.

8 Piazza Bruno Buozzi 5, 02 36736669; via Lazzaro Spallanzani 16, 02 36737924 | €€

NABI

Nabi sta per Natura Biologica, due parole che esprimono in pieno la filosofia di questo **delizioso bistrot** in Porta Romana, il cui intento è dimostrare che mangiare **sano e biologico** possa andare di pari passo a **ricette buone e gustose** dall'ampia scelta vegetariana e vegana: dalle vellutate al cuscus, passando per le bowl e i buonissimi burger vegetali, qui troverete sicuramente il piatto *healthy* che fa per voi!

9 Via Cadore 41, 02 36740247 | €

GOVINDA

In questo ristorante e centro culturale Hare Krishna **situato in un edificio storico in zona Duomo** si respira un'**atmosfera rilassante e silenziosa**. Qui sono banditi alcol, carne, pesce, uova e... il coltello! In un vassoio composto da 4 o 6 pietanze, a scelta, troverete diversi **piattini tutti vegetariani**, compreso un dolce. I prezzi sono super ridotti e per accedere è necessario fare una **tessera associativa**.

10 Via Valpetrosa 5, 02 862417 | €

PIZZA

VIALE ZARA
VIA CENISIO
CORSO SEMPIONE
VIA CRISPI
CORSO BUENOS AIRES
VIALE ABRUZZI
VIALE ROMAGNA
PARCO SEMPIONE
GIARDINI INDRO MONTANELLI
VIALE TUNISIA
VIA SENATO
VIA BUONARROTI
CORSO VERCELLI
CORSO MAGENTA
PIAZZA DUOMO
VIALE PAPINIANO
VIA DE AMICIS
CORSO GENOVA
VIA SANTA SOFIA
DEDIC. ANNO MDCCC XV
PARCO SOLARI
VIALE BEATRICE D'ESTE
NAVIGLIO GRANDE
NAVIGLIO PAVESE
VIALE TIBALDI

PIZZIUM

Nei suoi locali, Pizzium propone un menu di buonissime pizze regionali. Oltre alle classiche, infatti, troverete pizze preparate con i migliori **ingredienti locali**: la 'Toscana', ad esempio, è guarnita con salame di cinghiale; la 'Lazio' con fior di latte, guanciale, pecorino romano, uovo e pepe nero. **Durante la cena, servita in ceramiche bellissime, potete anche sorseggiare la birra chiara artigianale di Pizzium: Birrium**!

1 Sei sedi a Milano | €

DA ZERO

Quando si parla di **pizza**, il primo pensiero va a quella napoletana ma, rimanendo in Campania, anche quella **cilentana** non scherza. A portarla a Milano ci ha pensato **Da Zero**, un'insegna già presente in un paio di località campane, che propone una pizza con ingredienti di qualità. Il menu è diviso tra **pizze classiche** e **pizze del territorio**. In carta, poi, sono presenti i **taglieri di salumi e formaggi**, i **fritti** come il crocchè cilentano con soppressata di Gioi, caciocavallo e provola, e le **insalate**.

2 Tre sedi a Milano | €

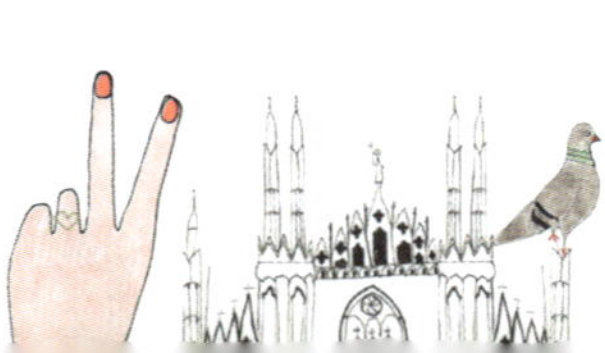

BERBERÈ

Il menu di Berberè è essenziale, composto da una quindicina di pizze divise tra Le Rosse, a base di pomodoro, e Le Bianche, a base di fiordilatte. Qui i gusti classici della tradizione vengono rivisitati in chiave gourmet, con **abbinamenti di sapori ricercati**. Anche l'impasto non è quello a cui siamo abituati di solito e la sensazione di leggerezza che si prova dopo aver mangiato una delle loro pizze lo testimonia: da Berberè, infatti, usano la **pasta madre** nella declinazione **classica** o **integrale**.

3 Quattro sedi a Milano | €

PIZZA AM

Se la lunga attesa non vi spaventa e quello che state cercando è **un'ottima pizza**, Pizza Am è il posto che fa per voi! Il menu è decisamente corto, ma gli ingredienti con cui sono preparate le **pizze tradizionali** sono ottimi e l'impasto leggerissimo. Ad arricchire la serata ci penserà il personale del locale, davvero attento e disponibile.

4 Corso di Porta Romana 83, 02 5510579 | €

DA GEPPO

Se fate parte del team degli amanti della **pizza grande, sottile e leggerissima**, questo piccolo locale vicino a Piazzale Bacone è il posto giusto per voi! Infischiandosene delle più recenti mode gourmet e degli abbinamenti estremi, da più di 40 anni Geppo sforna una pizza semplice, senza fronzoli ma, ovviamente, buonissima!

5 Via Giovanni Battista Morgagni 37, 02 29514862 | €

CROSTA

Un locale accogliente **dietro Porta Venezia** che serve, sia da asporto sia in loco, **pani** e **pizze alla pala**. Ideale per una pausa pranzo golosa, noi vi consigliamo una pizza marinara molto buona (quasi senza aglio, però, e non è un merito, a meno che non abbiate riunioni di lavoro nel pomeriggio), e una pizza con guacamole più simile alla schiacciata. Servizio gentile e pizza super adatta anche a chi la digerisce a fatica.

6 Via Felice Bellotti 13, 02 38248570 | €

PICCOLA ISCHIA

Con i suoi quattro locali, Piccola Ischia è una garanzia per gli amanti della pizza. **Se state cercando un posto super cool, questo locale non fa per voi**, ma se quello che vi interessa è mangiare una delle pizze più buone di Milano, a **uno dei prezzi migliori in città**, allora siete sicuramente nel luogo giusto. **Oltre alla pizza, vi segnaliamo che anche gli sfizi di antipasto sono buonissimi, con una Montanara davvero da competizione.**

7 Quattro sedi a Milano | €

COCCIUTO

Qui la pizza, nonostante venga cotta nel forno elettrico, è sorprendentemente uniforme, tanto da reggere il confronto anche con le migliori cotte nei forni a legna. **Il cornicione è gonfio, morbido e al contempo alveolato, e l'impasto risulta leggero e digeribile**. L'ambiente è moderno ed elegante, ispirato alle atmosfere *urban chic* newyorkesi. Oltre alle pizze, in carta troverete piatti della tradizione con declinazioni internazionali.

8 Tre sedi a Milano | €

DA GIULIANO

Da Giuliano è celebre per la sua **pizza al trancio alta, soffice ma croccante alla base**, da condire con ingredienti tradizionali come salumi, carciofini o olive, o da gustare in versione margherita. **Un classico intramontabile** che prima o poi tutti devono provare nella vita: attenzione, però, perché crea dipendenza! Nell'ampio locale, spartano ma accogliente, il servizio è veloce e cortese, **perfetto per una serata in compagnia**, magari davanti a una partita. Da non perdere il tiramisù, quando decidono di prepararlo.

9 Via Paolo Sarpi 60, 02 341630 | €

ANTICA PIZZERIA FIORENTINA

La **pizza al trancio** è ormai una specialità tipica milanese e in questo locale in zona Bocconi che sembra essersi fermato negli anni Ottanta troverete una pizza buonissima che risponde a tutte le regole fondamentali: **base croccante, impasto morbido**, formaggio in quantità industriale, **condimenti copiosi** e temperatura che ustiona il palato. La **toscanità** richiamata nel nome si ritrova in alcuni piatti come la **ribollita**, la **panzanella** e la classica **bistecca** con l'osso.

10 Viale Bligny 41, 02 58306292 | €

MANGIARE NELL'ARTE

CAFFÈ FERNANDA

Prende il nome dalla visionaria direttrice della Pinacoteca di Brera negli anni Quaranta, Fernanda Wittgens, questo bellissimo bistrot in cui è possibile rifocillarsi sedendosi a uno dei tavoli interni o all'esterno e assaporare un menu che si suddivide in **piatti caldi e freddi e gustosi panini**, tutti ispirati alla Sicilia e ai suoi sapori. A rendere particolarmente interessante il progetto è il fatto che ortaggi e frutta arrivino da una cooperativa sociale.

1 Via Brera 28, 345 0504846 | €€

IUTA

Moderno, ampio, minimal: il bistrot all'interno del **Pirelli Hangar Bicocca** propone un **menu vario e attento alle diverse tipologie di alimentazione**, una buona soluzione per rifocillarsi dopo una visita a una delle bellissime mostre dello spazio espositivo o in occasione di uno dei tanti **concertini** organizzati durante l'orario dell'**aperitivo**. Il posto conta anche su di un vasto **spazio esterno**.

2 Via Chiese 2, 02 6431111 | €

LÙBAR

Una delle location più belle di Milano: da LùBar sembra di stare all'interno di un'elegantissima **serra** e si respira un'**atmosfera d'altri tempi**. Aperto **tutti i giorni da mattina a sera**, in questo bar-bistrot vicino alla Galleria d'Arte Moderna si può fare colazione oppure bere un cocktail dopo cena. La **carta è varia e ricca di sfizi** che richiamano la **tradizione siciliana**, nonché cocktail, vini e drink analcolici. I **prezzi sono decisamente alti in proporzione all'offerta**, ma il posto è talmente bello che qualche volta vale la pena regalarsi una rilassante pausa tra le sue vetrate.

3 Via Palestro 16, 02 83527769 | €€

ENRICO BARTOLINI - MUDEC

È in uno dei più belli e innovativi spazi dedicati all'arte e alla cultura, il Mudec, che ha sede il ristorante di un **prodigio dell'alta cucina**: Enrico Bartolini. Qui, lo chef toscano ha appena conquistato la **terza stella Michelin**. Al **terzo piano del museo**, in un **ambiente elegante e senza fronzoli, dai toni caldi e naturali**, si può degustare uno dei tre invitantissimi **menu per un'esperienza senza dubbio esclusiva e indimenticabile**.

4 Via Tortona 56, 02 84293701 | €€€

BAR LUCE

Da piccolo il regista **Wes Anderson** voleva fare l'architetto, e Bar Luce è stata l'occasione per realizzare il suo sogno. **Ispirazioni anni Cinquanta e Sessanta, arredi in fòrmica, toni pastello, *boiseries*** alle pareti, e i richiami alle decorazioni della Galleria Vittorio Emanuele ne fanno **uno spazio piacevole in cui trascorrere il tempo.** Se siete in visita alla Fondazione Prada, non potete non fare una sosta qui, almeno per un caffè!

5 Largo Isarco 2, 02 56662611 | €€

RISTORANTE TORRE

Al sesto piano dell'edificio di più recente costruzione del complesso di Fondazione Prada, la **Torre**, si trova l'omonimo ristorante progettato dall'**architetto olandese Rem Koolhaas.** Oltre 200 metri quadrati di superficie per la zona interna e 125 metri quadrati per la **terrazza esterna a pianta triangolare**, entrambe dotate di una parte di coperti riservati ai pasti e di alcuni posti in cui potersi accomodare per un drink. **Il menu della casa è autenticamente italiano**, anche se **non mancano le contaminazioni straniere**.

6 Via Giovanni Lorenzini 14, 02 23323910 | €€€

10 CORSO COMO

10 Corso Como è uno **spazio unico e multifunzionale** ideato da Carla Sozzani nei primi anni Novanta, un *concept space* in cui visitare splendide mostre, fare shopping di lusso, consultare e acquistare libri, ma anche bere un caffè, trascorrere la pausa pranzo, o bere un cocktail dopo cena. Entrando nel **lussureggiante cortile** disseminato di tavolini e sedute in cui potersi accomodare, sembra di accedere a un meraviglioso mondo a sé. **Uno degli spazi più belli e innovativi di Milano**.

7 Corso Como 10, 02 29013581 | €€

VÒCE - AIMO E NADIA

All'interno degli eleganti palazzi storici in cui ha sede **Gallerie d'Italia**, polo museale e culturale di Intesa Sanpaolo, Vòce è uno **spazio versatile** e **adatto a tutte le ore**, progettato da Michele De Lucchi. Nella caffetteria è possibile degustare durante tutta la giornata ottimi prodotti di pasticceria, pane e focacce, piatti salati che raccontano la tradizione regionale italiana; al ristorante gourmet, condotto dai due chef di Aimo e Nadia Fabio Pisani e Alessandro Negrini, oltre al menu alla carta, è possibile optare per uno dei menu degustazione o per un business lunch, comprensivo di due piatti del giorno, pane, acqua e caffè.

8 Piazza della Scala 6, 349 3273374 | €€€

Dimmi con chi mangi
Easy e all'aperto
Di cosa hai voglia
Vorrei fosse domenica
Bere bene
Shopping & Lifestyle

IL FOYER ALLA SCALA

Evoluzione dello storico Marchesino, questo **grande e bellissimo locale arredato in pieno stile scaligero**, con sedute di velluto rosso e dettagli oro, propone in chiave moderna le **specialità del maestro Gualtiero Marchesi** – fra cui l'immancabile 'Riso Oro e Zafferano' – per pranzo e cena, e pasticceria dolce e salata per colazione o un break durante la giornata. Prima o dopo uno spettacolo al Teatro alla Scala non potete non fargli visita anche solo per uno spritz!

9 Piazza della Scala, angolo via Filodrammatici 2, 02 72094338 | €€€

GIACOMO CAFFÈ

Il caffè letterario **all'interno di Palazzo Reale** apre per colazione, servendo brioche artigianali e prodotti di pasticceria, e resta aperto fino all'aperitivo. **Qui ci si può rilassare in una delle sale interne o – nella bella stagione – nel dehors.** Nella sala al piano superiore, oltretutto, i cataloghi del museo prodotti negli ultimi venticinque anni sono liberamente consultabili dalla clientela.

10 Piazza del Duomo 12, 02 89096698 | €€

BOTTEGHE CON CUCINA

Dimmi con chi mangi
Easy e all'aperto
Di cosa hai voglia
Vorrei fosse domenica
Bere bene
Shopping & Lifestyle

IL MANNARINO

Con tre locali in città, questa 'macelleria di quartiere con cucina' è **il tripudio della carne, che potrete scegliere direttamente al banco**. La carta è chiara e stringata, e si articola nelle 'scodelle' – che assolvono alla funzione di antipasto o contorno – e nei diversi tipi di carne alla griglia, con particolare menzione per **le bombette**, celebri involtini pugliesi preparati in una decina di varianti. Tutta la carne può essere acquistata anche per l'asporto, e il servizio di consegna a domicilio si è ampliato a quasi tutta Italia.

1 Tre sedi a Milano | €€

MACELLERIA EQUINA DA VITO

Al Mercato di Lorenteggio, riqualificato proprio negli ultimi anni, il bancone da tenere d'occhio è sicuramente quello di Vito, un vero e proprio paradiso in città per gli amanti della **carne** (di cavallo, ma non solo). Qui potrete fare la spesa come in una qualsiasi macelleria, passare per un **take away** o approfittare di uno dei tavoli nel mercato coperto per farvi servire qualche specialità **alla brace** a prezzi super economici.

2 Via Lorenteggio 177, 02 4121814 | €

PESCETTO

A metà strada tra un locale self service e un ristorante vero e proprio, Pescetto, in **zona Moscova**, dà **la possibilità di scegliere al banco pesce e cottura** (naturalmente c'è anche un ottimo crudo). Non vi rimane che accomodarvi e aspettare che venga chiamato il vostro numero. Spartano e con un servizio ridotto all'essenziale, qui potrete trovare materie prime di qualità e personalizzare al momento la vostra cena o il vostro aperitivo a base di pesce.

3 Via Alessandro Volta 9, 02 36754184 | €€

I PESCIOLINI

Due sedi, in **corso di Porta Romana** e in **Ripa di Porta Ticinese**, per questa pescheria con cucina aperta sia a pranzo sia a cena, ma perfetta anche per l'aperitivo. Chi ama il crudo può sbizzarrirsi tra **tartare**, **carpacci** e **frutti di mare di ogni tipo**. Chi, invece, preferisce il cotto può scegliere tra **insalate** e **marinate**, ma anche tra **primi e secondi** che, per offrire un prodotto sempre fresco, variano a seconda del pescato del giorno. Se siete indecisi, troverete anche **numerosi piatti degustazione**.

4 Corso di Porta Romana 51, 02 54100474; Ripa di Porta Ticinese 33, 02 58113083 | €€€

MACELLERIA MAGGIO

Storica macelleria di viale Monza che oltre all'attività di bottega porta avanti la **produzione diretta di salumi e la preparazione di piatti cotti**, come brasato, trippa, ravioli di carne, polpettone, conserve (della nonna Pina). Il giorno da segnare in agenda è **il giovedì, quando va in scena l'aperitivo in macelleria**: potrete degustare tartare, bocconcini di mozzarelle, bombette e tanto altro.

5 Viale Monza 78, 02 2613903 | €€

MACELLERIA EQUINA PELLEGRINI

Nata nel 1949 come macelleria esclusivamente equina, negli anni si è allargata alla produzione e vendita di altre tipologie di carne. Qui potrete comprare il vostro taglio preferito, **fermarvi a pranzo dal martedì al sabato, oppure intrattenervi per un aperitivo** e gustare tartare, tagliate, bombette, insalate di pollo e tanti altri piatti accompagnati da un buon bicchiere di vino.

6 Via Lazzaro Spallanzani 6, 02 29400251 | €€

MACELLERIA POPOLARE

All'interno del mercato coperto della Darsena, destreggiandovi tra una moltitudine di negozi etnici, troverete il banco della Macelleria Popolare, con un trionfo di tagli molto particolari ad attendervi. **Tutte le carni sono *grass feed* (nutrite solo al pascolo)**, e c'è la possibilità di **degustare sul posto** panini, carne alla griglia, carne fritta, ma anche tartare e specialità regionali come lampredotto e pane *ca' meusa*. Il tutto, vista Darsena.

7 Piazza XXIV Maggio 4, 02 39468368 | €€

LA TIENDA DE JUAN

Sembra di essere a Madrid, e invece è Porta Venezia la casa della Tienda de Juan: **tapas bar, bottega di prodotti tipici e spazio dedicato a mostre ed eventi culturali**. Fermatevi a bere un bicchiere di sangria fatta in casa, di birra o di vino spagnolo, accompagnandolo con tapas e taglieri. Potrete anche **fare la spesa di prodotti spagnoli**, come prosciutto, acciughe, tortilla e conserve.

8 Via Alessandro Tadino 3, 02 87399166 | €

PREMIATA PESCHERIA SPADARI DAL 1933

Nei banchi di questa storica pescheria nel pieno centro di Milano troverete pesce freschissimo di tutte le pezzature, oltre a pesce affumicato, inscatolato e in vaso, al naturale e sott'olio, ma non solo: **l'angolo gastronomia** propone pesce cucinato direttamente in loco, per essere consumato in pescheria o da asporto. **Ideale per pranzi leggeri e aperitivi, a due passi dal Duomo**.

9 Via Spadari 4, 02 878250 | €€€

PESCHERIA GELMETTI

Un'altra importante pescheria milanese si trova in Porta Venezia, **zona Stazione Centrale**. I prodotti sono tutti provenienti dal mar Mediterraneo, e oltre al banco del fresco sono disponibili gustose ricette preparate per essere **consumate direttamente nel locale a qualche numero civico di distanza, o da asporto**. Sono previste anche consegne negli uffici limitrofi.

10 Via Vitruvio 8, 02 29522818 | €€

DOLCI E MERENDE

PAVÉ

Uno dei nostri posti preferiti per la colazione. Questa bakery a Porta Venezia propone principalmente prodotti da forno, tutti nel nome del **lievito madre**. Ci sono le torte, i biscotti e soprattutto le brioche (su tutte, l'ormai famosa '160') farcite con marmellate, crema alla vaniglia del Madagascar e altre bontà. Un consiglio? Se capitate sotto Natale non fatevi scappare il loro **panettone**: semplicemente spaziale!

1 Via Felice Casati 27, 02 37905491 | €

CASTELNUOVO

Appena possiamo, andiamo in questo posto dietro **via Lorenteggio** per fare una colazione con i fiocchi e comprare i classici pasticcini della domenica. Davanti al bancone, impossibile resistere non solo alla 'torta Enrico', specialità della casa con pere, cioccolato e cannella, ma anche agli **oltre 40 tipi diversi di paste** e alle brioche appena sfornate per iniziare la giornata con il piede giusto. Un paradiso per i golosi, e anche per i più attenti al portafoglio: **prezzi giustissimi**, quasi impossibili da replicare altrove.

2 Via dei Tulipani 18, 02 48950168 | €

GELSOMINA

Gelsomina è un laboratorio di pasticceria dall'**anima meridionale** che propone brioche, dolci e paste freschissime. Ottimi il cannolo siciliano allo zenzero e la tartelletta di pasta frolla con crema pasticciera e fichi freschi. **Fate un salto anche in pausa pranzo per gustare le tante bontà salate** in un'atmosfera rilassante e curata. Oltre che in Porta Venezia, Gelsomina è da poco sbarcata anche in zona piazza Risorgimento.

3 Via Carlo Tenca 5; via Galvano Fiamma, 2, 02 66713696 | €

MARLÀ PASTICCERIA

Marlà sorge in **Porta Romana** in uno spazio elegante e curato con una ventina di posti a sedere, ed è aperto dalla mattina fino alla sera. Perfetto per una pausa dolce a base di squisiti mignon, torte colorate e brioche appena sfornate oppure a pranzo, con alcune proposte salate. **Non osate uscire di qui senza aver ordinato il caffè con panna e il maritozzo**, sempre ripieno di spumeggiante e commovente panna montata.

4 Corso Lodi 15, 02 36536410 | €

PASTICCERIA SISSI

La Pasticceria Sissi è famosa in tutta la città. Andateci d'estate quando aprono il **giardinetto** interno, oppure in settimana, quando è certamente meno affollata rispetto alla domenica. In qualsiasi giorno ci capitiate, comunque, non fatevi scappare le **sfogliatelle alle mele**, i **bignè** e soprattutto **la brioche alla crema, farcita al momento.**

5 Piazza Risorgimento 6, 02 76014664 | €

ZIVA

In **zona De Angeli**, questo è il **posto ideale per una colazione o una merenda**, o semplicemente per portarsi a casa qualche delizia. Qui, grazie a Marcello Salvatori, già lievitista da Cracco, e alla sua compagna Ziva, di delizie ce ne sono davvero tante: **brioche**, **quadrotti** con mango e lampone, **piccola pasticceria**, **monoporzioni**. E poi ancora, **cioccolatini** e **torte** che solo a guardarle viene fame. Qualche tavolino e un ambiente semplice ma curato permettono di fermarsi per un caffè e un dolcetto.

6 Via Federico Faruffini 2, 02 99266436 | €

PASTICCERIA GATTULLO

Nome sicuramente noto per il **panettone artigianale**, Gattullo rientra tra le nostre pasticcerie preferite di Milano. In **zona Bocconi**, ci ha conquistati fin dal primo assaggio, non solo per via delle graziose tovaglie rosa, caratteristica inconfondibile di questo locale, ma anche per i suoi pasticcini mignon e le torte artigianali. Per chi ama i grandi classici, **consigliamo di non farsi scappare la torta di mele**, che regala emozioni fin dal primo boccone.

7 Piazzale di Porta Lodovica 2, 02 58310497 | €

PASTICCERIA MARCHESI 1824

Questa pasticceria storica è un **caposaldo per i milanesi**, da quando ha aperto il primo locale in corso Magenta nel lontano 1824. Acquisita dal gruppo Prada, ha aggiunto due nuove sedi super posh, una in via Monte Napoleone e l'altra nella splendida Galleria Vittorio Emanuele. A non essere cambiati nel tempo sono però **la qualità e l'attenzione al servizio, che la rendono una dei gioielli inconfondibili** della città.

8 Tre sedi a Milano | €€

PASTICCERIA MARTESANA

Pilastro della pasticceria milanese, fondata nel 1966, a due passi da viale Marche, Martesana è per noi un punto di riferimento per la **pasticceria mignon**. Adesso la trovate in diverse altre zone della città, tra cui Paolo Sarpi e Sant'Agostino. Fermatevi **per una colazione o per una merenda ben sopra alla media per la città**.

9 Tre sedi a Milano | €

PASTICCERIA CUCCHI

È impossibile che non siate passati almeno una volta davanti a questa pasticceria storica all'inizio di corso Genova, le cui vetrine ripiene di dolci spettacolari avranno sicuramente attirato la vostra attenzione. La Pasticceria Cucchi ha dato vita a una nuova tradizione a cui i milanesi sono molto affezionati, sfornando **panettone non solo durante il periodo di Natale**, ma tutto l'anno: vi consigliamo di **assaggiarlo per capire il perché**.

10 Corso Genova 1, 02 89409793 | €

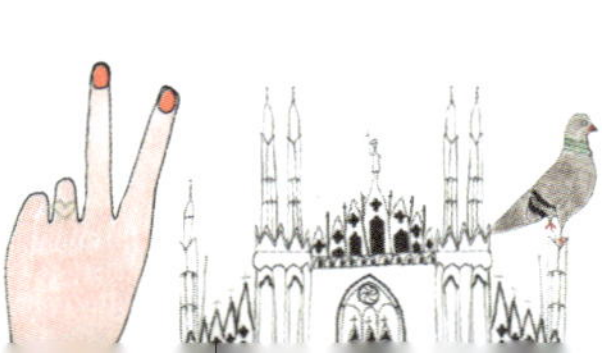

3 INDIRIZZI PER L'ALTA PASTICCERIA

Molti dei più famosi pasticcieri italiani hanno scelto Milano come sede dei loro laboratori: questi tre sapranno sicuramente soddisfare tutti i vostri più dolci desideri.

PASTICCERIA IGINIO MASSARI

Se si parla di alta pasticceria, un posto d'eccezione va necessariamente riservato a Iginio Massari, **icona assoluta di questa categoria**. Nel suo locale a due passi dal Duomo si possono gustare molte delle specialità che hanno reso famosa la pasticceria Veneto a Brescia.

11 Via Guglielmo Marconi, piazza Armando Diaz 4, 02 49696962 | €€€

PASTICCERIA ERNST KNAM

Lo chiamano 'il re del cioccolato', e per una buona ragione: il cioccolato è infatti l'ingrediente principale dei suoi dolci. La pasticceria di Ernst Knam si trova in **zona Cinque Giornate** e non dispone di tavolini, ma è uno stop imperdibile a costo di assaggiare una delle delizie in piedi davanti al locale. Il dolce da ordinare senza alcun dubbio? **La crostata di frolla integrale con confettura di lamponi e ganache al cioccolato: la sognerete di notte!**

12 Via Augusto Anfossi 10, 02 55194448 | €€€

PASTICCERIA RINALDINI

Situata in una zona centralissima, a due passi dal Teatro alla Scala, questa è tra le nostre pasticcerie preferite: non è certo un caso che Roberto Rinaldini venga da molti considerato come lo 'stilista del dolce'. Inimitabili la pastiera al pistacchio e i rinomati MacaRal, rivisitazione dei macaron.

13 Via Santa Margherita 16, 02 39566725 | €€€

BRUNCH

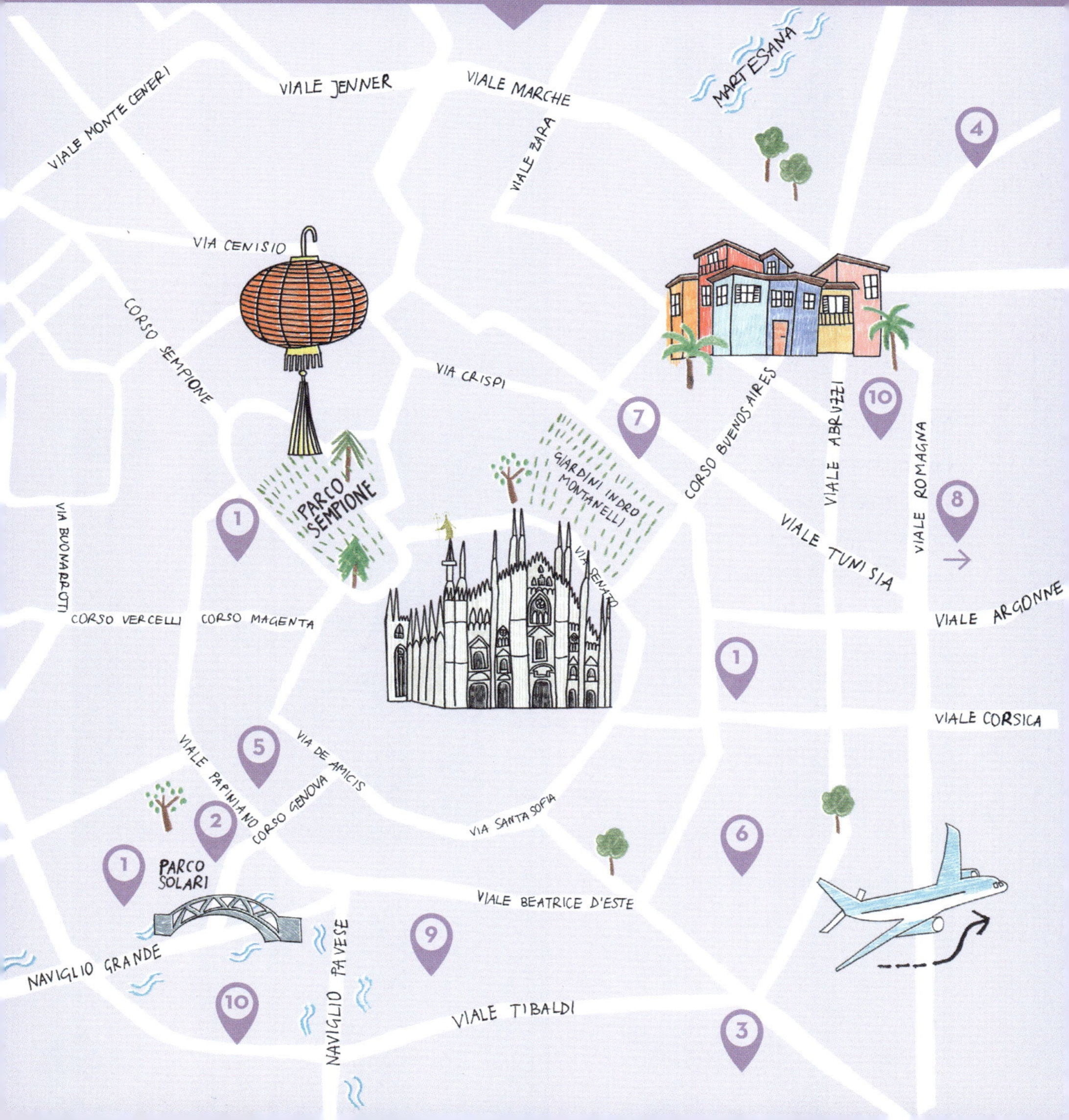

VIALE JENNER
VIALE MARCHE
MARTESANA
VIALE MONTE CENERI
VIALE ZARA
VIA CENISIO
CORSO SEMPIONE
VIA CRISPI
CORSO BUENOS AIRES
VIALE ABRUZZI
VIALE ROMAGNA
GIARDINI INDRO MONTANELLI
PARCO SEMPIONE
VIA BUONARROTI
VIALE TUNISIA
VIA SENATO
CORSO VERCELLI
CORSO MAGENTA
VIALE ARGONNE
VIALE CORSICA
VIALE PAPINIANO
VIA DE AMICIS
CORSO GENOVA
VIA SANTA SOFIA
PARCO SOLARI
VIALE BEATRICE D'ESTE
NAVIGLIO GRANDE
NAVIGLIO PAVESE
VIALE TIBALDI
1
2
3
4
5
6
7
8
9
10

L'OV MILANO

In ogni brunch che si rispetti non possono mancare le uova e **nel brunch di L'Ov sono loro le assolute protagoniste**. Strapazzate, al tegamino, in camicia, sotto forma di omelette: qui avrete solo l'imbarazzo della scelta. La formula comprende anche alcune sfiziosità dolci e soprattutto dei **pancake con sciroppo d'acero tra i più buoni della città**.

1 Tre sedi a Milano | €

OFELÉ

Ofelé, in milanese, significa 'pasticciere' e in effetti, qui, le delizie dolci certamente non mancano. Il locale è diventato una certezza anche per il suo gustoso brunch, che comprende il caffè americano, la spremuta d'arancia o un succo di frutta, un primo piatto e un dolce. Le portate principali sono tutte invitanti, dalle **uova in camicia** ai **toast alla francese**, alle tante varianti di **bagel** e ai **pancake salati**, che sono la fine del mondo.

2 Via Savona 2, 02 49500096 | €

MADAMA HOSTEL & BISTROT

Questo **ex penitenziario riconvertito a ostello** vicino a piazzale Lodi è da anni uno dei nostri posti preferiti. Potete venire a qualsiasi ora e trovare sempre piatti golosi e ben preparati in un ambiente luminoso e arredato con materiali di recupero in modo semplice ma curato. **Nel weekend non perdetevi il brunch**, che comprende un piatto principale accompagnato da caffè americano, succhi di frutta, pancake e dolci fatti in casa davvero buonissimi (su tutti, la torta di mele).

3 Via Benaco 1, 02 36727370 | €

FRED

Questo locale a **Lambrate** ci ha colpito subito per il suo **ambiente super accogliente** e curato, dal sapore nordico ma colorato e allegro. Un luogo dalla **duplice anima**, locale a disposizione dei clienti **dalla colazione fino al dopo cena** e, tutti i pomeriggi, anche **shop di vinili**. Il **brunch** della domenica prevede una formula fissa con un hamburger a scelta (anche veg), uova con avocado e salmone, un dessert e ovviamente caffè, yogurt e succo d'arancia.

4 Via Francesco Ingegnoli 2, 347 1548907 | €

HYGGE

Uno dei posti che frequentiamo più spesso in zona Sant'Ambrogio finisce di diritto anche tra i nostri brunch del cuore in città. In questo locale di ispirazione danese le opzioni sono due: **regular e vegan**. Noi abbiamo provato l'opzione regular, e abbiamo assaggiato le **uova** (strapazzate, *poché* con salmone e *egg in a hole*) accompagnate da **insalata** di finocchi e feta, **patate hasselback**, **yogurt con granola** e da un super nordico **cinnamon roll**.

5 Via Giuseppe Sapeto 3, 351 1028043 | €

TEL CHI

Talvolta i brunch in città sono insensatamente cari, ma fortunatamente esistono posti come Tel Chi, dove potrete **gustare un ottimo brunch a un prezzo ragionevole**. La formula di questo locale tra Porta Romana e Cinque Giornate comprende alcuni piatti fissi (yogurt, macedonia, pane burro e marmellata) più una scelta di piatti salati e dolci tutti davvero buoni (noi vi consigliamo le uova in cocotte e la carrot cake). Se poi aggiungiamo il personale super gentile e l'ambiente accogliente e colorato, otteniamo **un risultato davvero irresistibile**.

6 Via Silio Italico 1, 02 83635673 | €

SPICA

Le famosissime chef **Ritu Dalmia** e **Viviana Varese** si sono unite in un super team per dare vita a questo bellissimo e colorato ristorante a Porta Venezia: Spica racconta il loro amore per il viaggio attraverso un menu che raccoglie le **cucine di tutto il mondo**; anche il **brunch è un favoloso percorso** che attraversa Cina (con *bao* e *dim sum*), Giappone (con il *katsusando*), Thailandia (con la zuppa *khao soi*) e India (con i *pakora*).

7 Via Melzo 9, 02 84572974 | €€

SANTERIA

Non chiamatelo brunch, perché alla **Santeria la domenica va in scena 'The Breakfast Club'**. Ogni colazione è composta da **tre piatti**: le uova, la pietanza salata e quella dolce, che variano in base alla disponibilità del giorno. Il tutto è accompagnato da un caffè o dal loro super tè con 'infuso segreto'. Consigliato **per un risveglio con i fiocchi** che vi faccia iniziare bene il weekend.

8 Via Paladini 8, 02 36798121; viale Toscana 31, 02 22199381 | €

OFFICINA MILANO

Officina sorge all'interno del cortile 'vecchia Milano' che ospita anche le Fonderie Milanesi e il ristorante Al Cortile. Il brunch si fa di domenica con un **ricco buffet di piatti salati e dolci**, tra cui primi e secondi, tartare di carne o pesce preparate al momento, uova servite con diverse farciture, dal bacon al salmone, e cocktail buonissimi. Quando il clima lo permette **si può godere anche del cortile**, circondati da auto d'epoca, divani in pelle, giochi di luci e specchi.

9 Via Giovenale 7, 392 8600000 | €

TURBO

Nel blu dipinto di blu: **Turbo** ha senz'altro trovato la soluzione per caratterizzarsi, per lo meno a livello estetico. L'ampio locale in **zona Navigli**, con i suoi tavoli ben distanziati, accoglie i clienti donando immediatamente una sensazione di rilassatezza. Per il brunch si può optare per l'opzione menu, a 35 €, che comprende una tipologia di uova, una portata principale, un contorno, un dolce e la spremuta, o scegliere le portate che si preferiscono. alla carta.

10 Via Andrea Ponti 4, 375 6526104 | €€

AGRITURISMI E CASCINE

LA BETTOLINA

A Gaggiano, a mezz'ora di auto da Milano, una cascina ristrutturata con gusto ospita **un ristorante poliedrico in un ambiente meraviglioso**. Se cercate un posto incantevole, in cui non sentirvi in città, per un pranzo nel weekend o una cena, qui troverete sfizi di ogni genere, pizze e carne buonissime in un menu che spazia dalla cucina internazionale alle verdure dell'orto. **Anche le diverse zone del locale si adattano alle più disparate esigenze**: aree più 'industrial' per un pranzo tra amici, sale più intime per serate romantiche o in famiglia e un patio perfetto per momenti all'aria aperta.

1 Strada Statale Nuova Vigevanese 4, Gaggiano (MI), 02 38262466 | €€

CASCINA GUZZAFAME

La Cascina Guzzafame è un'azienda agricola dedicata alla coltura bio di frumento, alla produzione di ortaggi e all'allevamento di vacche da latte da oltre trent'anni. Al suo interno, oltre al ristorante 'Ada e Augusto', **baluardo della cucina tradizionale lombarda**, si organizzano **tantissime attività per adulti e bambini** che vanno dalla fattoria didattica alle lezioni di yoga, dalle sedute di pet therapy alla vendita di prodotti, tutti rigorosamente a chilometro zero.

2 Località Cascina Guzzafame, Gaggiano (MI), 331 6383207 | €€

LA FORESTINA

La Forestina è una meravigliosa azienda agricola in un'area protetta del Parco Sud a 15 chilometri da Milano. Venite qui per una passeggiata lungo i sentieri del bosco millenario, per visitare gli allevamenti all'aperto, ma **soprattutto per assaporare i piatti del ristorante, composti da ingredienti provenienti esclusivamente da coltivazione biologica**. Vengono inoltre organizzate interessantissime attività didattiche rivolte a bambini e adulti, che mirano a consolidare il rapporto fra città e campagna.

3 Cascina Forestina, Cisliano (MI), 02 90389263 | €€

CASCINA GAGGIOLI

Questa cascina si trova in via Selvanesco ed è perfetta per gli amanti della griglia. Qui si allevano bovini e si coltiva la terra secondo i principi bio, producendo foraggi, riso, grano e mais, tutto acquistabile nella bottega. **Ogni sabato potrete organizzare una grigliata fai da te sotto il portico o direttamente sul prato**, comprando qui la carne, la verdura, l'acqua e il vino e utilizzando posate, bicchieri, condimenti a disposizione di tutti... e dimenticarvi di essere a Milano.

4 Via Selvanesco 25, 02 55231905 | €€

CASCINA BOSCO

A Pessano con Bornago, alle porte di Milano, l'agriturismo Cascina Bosco **è la scelta giusta per un pranzo in famiglia e per trascorrere una giornata in totale relax**. La cucina è ottima e propone piatti della tradizione lombarda, eseguiti con prodotti locali e genuini. Qui, inoltre, è possibile anche acquistare salumi e miele di produzione propria. L'ambiente è familiare e accogliente, perfetto per godere di qualche ora di relax e divertimento anche per i più piccoli, che potranno coccolare gli animali.

5 Via Cascina Bosco, Pessano con Bornago (MI), 340 3696229 | €

L'AGRICOLA

All'Agricola, l'espressione 'chilometro zero' trova massima compiutezza: infatti, i prodotti in vendita nelle botteghe al suo interno provengono solo dai laboratori di questa struttura alle porte di Milano. Qui troverete anche una **fattoria didattica** dove tutti i weekend si organizzano tante **attività per i più piccoli** e, soprattutto, un ottimo ristorante dove poter gustare tutti i prodotti. Un consiglio in più? Provate il pâté di fegato di vitello e i ravioli di pasta fresca, ma anche le carni, con una menzione particolare per le grigliate, gli arrosti e i tagli pregiati, come la fiorentina e l'incredibile Tomahawk!

6 Via Rho 90, Lainate (MI), 02 9373286 | €€

CASCINA SANTA BRERA

Azienda agricola e agriristoro nel cuore del Parco Agricolo Sud, Santa Brera produce frutta, ortaggi, frumento, miele e uova da agricoltura biologica. **Qui ci si può recare per acquistare i prodotti in vendita presso lo spaccio, per prendere parte a visite guidate e laboratori didattici, ma anche per mangiare e rilassarsi all'aperto**. In tavola, affettati e formaggi di produzione propria, verdure e salamelle alla piastra, pizze, hamburger, torte fatte in casa e sorbetti.

7 Via Cascina Santa Brera, San Giuliano Milanese (MI), 02 9838752 | €€

AZIENDA AGRICOLA LA BOTANICA

A poco più di mezz'ora da Milano, l'**Azienda Agricola La Botanica** vi accoglierà in un grande spazio immerso tra i campi e vi farà dimenticare il caos cittadino. Un **buonissimo ristorante** con tante ricette genuine e a chilometro 0 e una location all'aperto davvero accogliente faranno felici i più grandi, mentre una **grande fattoria con tante attività organizzate** e un **bel parco giochi** faranno saltare di gioia i più piccoli.

8 Via Filippo Gerbino 33, Lentate sul Seveso (MB), 335 5471176 | €€

CASCINA SANT'AMBROGIO

Poco dopo Gaggiano, a due passi da Milano, si trova questa cascina immersa nel verde, casa di tantissimi animali con cui poter giocare. **L'ambiente è davvero rilassante e familiare e la cucina semplice e genuina**. Nel weekend viene proposto un menu fisso, che comprende un ricco e ottimo antipasto, due primi, un secondo con contorno e dolce, oltre a pane, acqua e vino. In più troverete una fattoria didattica, laboratori per bambini, feste agricole stagionali e molte altre iniziative.

9 Strada Provinciale 38, Rosate (MI), 02 90849420 | €€

CASCINA CAREMMA

Questa cascina non distante da Milano unisce un contesto rustico a elementi più ricercati e raffinati. Nata principalmente come azienda agricola in cui si producono riso, frumento e orzo, **Cascina Caremma è ora anche un albergo eco-chic con tanto di spa**. Qui si viene per concedersi una giornata di appagamento a 360 gradi, non solo grazie ai percorsi benessere, ma anche alla cucina proposta sia nel 'Ristorante Naturale' sia nel bistrot.

10 Via Cascina Caremma 2, Besate (MI), 02 9050020 | €€

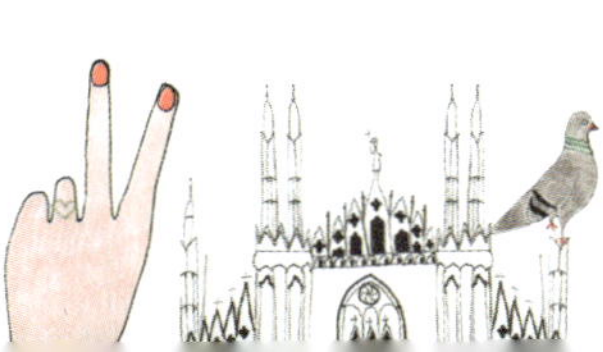

IL PRANZO DELLA DOMENICA

EXIT

Oltre a Contraste e ai recentissimi ROC e Empanadas del Flaco, Matias Perdomo gestisce Exit, un piccolo bistrot gourmet che si trova in un **chiosco** un tempo adibito a edicola, elegantemente ristrutturato. La prima parte del delizioso menu è riservata ai piccoli sfizi (croissant dolci e brioche salate, ostriche, caviale, pane burro e acciughe), mentre la seconda è dedicata a **piatti più elaborati, 8 in tutto**. La descrizione è ermetica e si limita a un elenco delle **ottime materie prime** utilizzate per ogni piatto, invogliando a scoprire gli accostamenti proposti. **Nella nostra top 10 a Milano, senza alcun dubbio.** Da pochissimo ha aperto anche Exit Pastificio Urbano, che offre esclusivamente proposte di pasta.

1 Piazza Erculea 2, 02 35999080 | €€

28 POSTI

Ambiente caldo e piatti dagli accostamenti decisamente azzardati, all'insegna della fantasia. **Il tutto in soli 28 posti, come recita il nome di questo ristorante che porta sui Navigli un'offerta 'alta', non facilissima da trovare in zona.** Diverse le proposte di menu, a partire da quello da 5 portate fino alle 10 portate 'a sorpresa' . Il consiglio è di prenotare il 'tavolo dello chef', **per godervi in diretta i prodigi della brigata dietro i fornelli.** Stavamo per dimenticare: parte dell'arredamento del locale è realizzata dai detenuti del carcere di Bollate, una bellissima iniziativa!

2 Via Corsico 1, 02 8392377 | €€

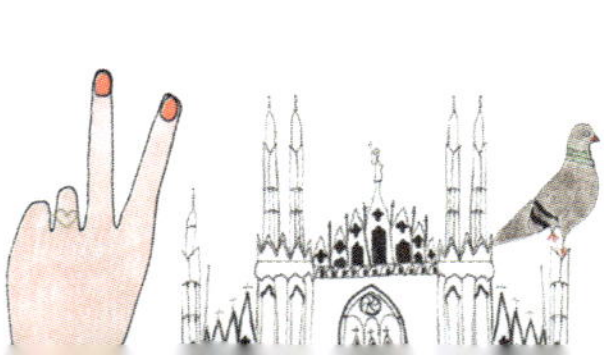

SUPERFICIALE

La formula di questo **meraviglioso ristorante in zona Città Studi** è **agile**, con un menu stringato a base di **ricette italiane di carne, pesce o vegetariane** con un tocco di **originalità**. Per il pranzo della domenica la formula è **Hangover Sunday**: un primo o un secondo piatto (o entrambi) a **prezzi convenienti**, soprattutto date le **porzioni molto abbondanti**. **Atmosfera** super curata e proprio 'da domenica'.

3 Via Sansovino 1, 346 1361426 | €€

OSTERIA DEL BINARI

All'Osteria del Binari troverete principalmente una **cucina regionale lombarda**, con riso al salto, cotoletta alla milanese e risotti secondo stagionalità. Gli interni sono sapientemente arredati come un salotto milanese del Novecento, ma la vera perla di questo ristorante è **il vasto e magnifico giardino**, che in primavera fiorisce insieme al glicine sovrastante. **Perfetto per un pranzo in famiglia.**

4 Via Tortona 1, 02 89409428 | €€

OSTELLO BELLO GRANDE

Il (meritato) successo del primo Ostello Bello ha portato alla nascita del secondo locale in **zona Stazione Centrale** che, come intuibile dal nome, è più grande del fratello in via Medici, con quasi 200 posti letto a disposizione. Oltre alla sua primaria funzione di ostello, potrete venire qui anche solo per fare l'aperitivo e godervi i suoi spazi ampi e accoglienti, soprattutto quando d'estate viene aperto un amabile cortiletto all'esterno.

5 Via Roberto Lepetit 33, 02 6705921 | €

O|NEST

Oltre ai vini, questa **enoteca con cucina** in **zona Risorgimento** offre, in un ambiente raccolto, materie prime scelte con cura che vanno a comporre un menu in continuo mutamento: proposte del giorno in cui spiccano semplici **assaggi**, come le acciughe con burro della Normandia e i crostini con battuto di lardo e pepe, ma anche **proposte più strutturate**, come i canederli speck e cavolo viola e il polpo cotto a bassa temperatura. Qui non resterete mai delusi. L'ambiente è caldo e raccolto e in estate ci si può accomodare nel delizioso **giardino interno.**

6 Via Gerolamo Turroni 2, 351 8578998 | €€

DABASS

In un bellissimo edificio liberty dietro **corso Lodi**, là dove c'era una cartoleria, ora si trova questo **piccolo bistrot** dal sapore un po' retrò e dagli arredi ricercati. Si può scegliere un **percorso degustazione** o i **piatti del giorno, anche se non c'è un vero e proprio menu** scritto, né carta dei vini o dei cocktail: l'idea è **giocare con le disponibilità del giorno**, e su questa base creare 'variazioni sul tema' sempre nuove.

7 Via Piacenza 13, 349 3565436 | €€

MOTELOMBROSO

È stata una delle scoperte più piacevoli degli ultimi tempi questo ristorante dal nome misterioso in una casa cantoniera lungo l'**Alzaia Naviglio Pavese**. Nessun mistero invece sulla **qualità di una proposta varia e golosa**, su una **carta dei vini di 300 etichette** e su un **ambiente curato e piacevolmente bucolico**, reso ancor più affascinante dal bellissimo giardino esterno. Nel weekend rimane aperto senza pause da mezzogiorno all'una di notte, offrendo la possibilità di mangiare e bere qualcosa a tutte le ore, all'insegna di quella rilassatezza decantata anche nel motto del ristorante: 'Cibo, vino e *otium*'.

8 Alzaia Naviglio Pavese 256, 333 1855267 | €€€

TIPOGRAFIA ALIMENTARE

Sulla **Martesana**, questo bellissimo bistrot che si autodefinisce 'Food Hub, caffè e vino' propone una cucina semplice e diretta dove le materie prime artigianali sono le assolute protagoniste. Noi lo consigliamo per un aperitivo o per un pranzo, perché **i prodotti sono davvero buoni**. Lo spazio è una piccola perla nel quartiere, con un'**atmosfera** molto gradevole e rilassante ispirata al mondo della stampa. Qui avrete a disposizione giornali, riviste e libri di argomento *food and wine* e un meraviglioso dehors lungo il naviglio, perfetto per le serate estive.

9 Via Dolomiti 1, 02 83537868 | €€

NEBBIA

Nebbia si è imposto in pochissimo tempo come **uno dei migliori ristoranti in città**, ma il successo non ha dato alla testa ai giovani proprietari: qui l'atmosfera è sempre informale e accogliente con un menu, solo all'apparenza semplice, che esalta i sapori di tutte le materie prime. Assaggiate **il pan brioche con fegatini e cipolla di Tropea caramellata** (ormai un vero e proprio *signature dish*) o **la trippa al kimchi** e capirete anche voi perché i pregi di Nebbia sono tutt'altro che foschi.

10 Via Evangelista Torricelli 15, 02 82781557 | €€

BERE CON GLI AMICI

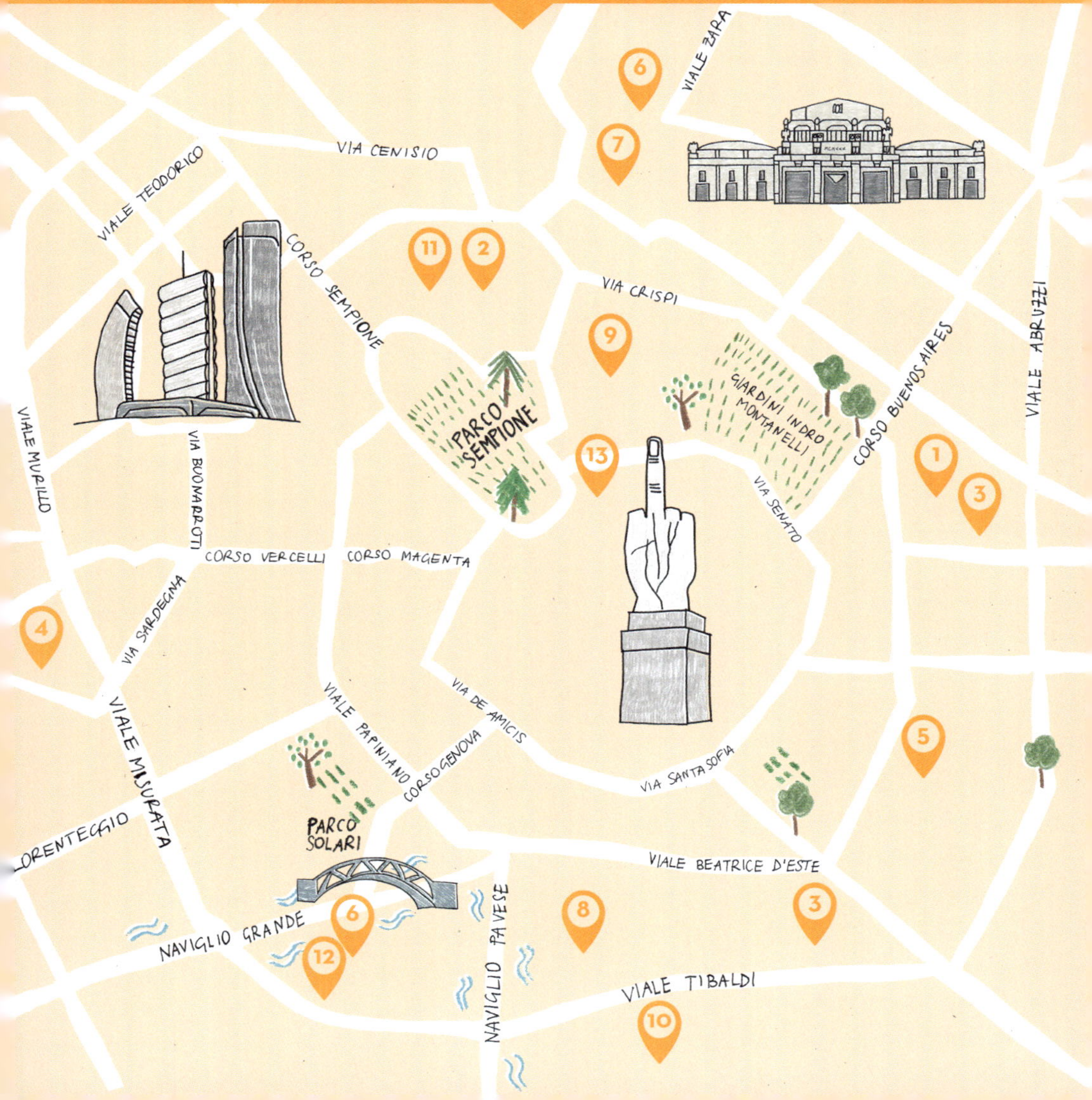

BAR PICCHIO

Via Melzo, in zona Porta Venezia, regala un'apertura dopo l'altra, ma la storia qui la fa il Picchio: dal 1969 in questo bar *old style* ci si va per **stare fuori** (in piedi), bere birra (non i cocktail) e chiacchierare facendo nuove amicizie. Pur non essendo 'glam', venire qui qualche volta è divertente e anche super economico. Se siete *precisini*, però, lasciate perdere.

1 Via Melzo 11, 02 29531433 | €

CANTINE ISOLA

Tra le enoteche della città è forse una delle più frequentate, tanto che **raggiungere il bicchiere ordinato si trasforma spesso in un'impresa**, ma se cercate una serata in (molta) compagnia, questo locale storico di Milano, nel cuore di **Chinatown**, potrebbe fare al caso vostro. L'**assortimento è ricchissimo**, con etichette che arrivano da tutto il mondo, e ogni bottiglia è disponibile alla mescita. Non arrabbiatevi, però, se vi toccherà sorseggiare il vino in piedi.

2 Via Paolo Sarpi 30, angolo via Arnolfo di Cambio 1/A, 02 3315249 | €

IL VINAIO DI FURIO

In **Porta Romana (e da poco anche in Porta Venezia)**, il Vinaio di Furio è una **piccola enoteca di quartiere** dove gustare un buon calice di vino prima di cena. Accompagnatelo a un tagliere toscano con ottimi salumi, formaggi e crostini con ragù di chianina o fegatini, magari seduti ai **tavolini all'aperto**, quando il tempo lo permette.

3 Via Crema 14, 02 87398199; via Carlo Pisacane 55, 02 49429883 | €

VINELLO A MILANO

Qui si sta proprio bene, soprattutto d'estate, quando si può approfittare dei tavolini all'esterno posizionati nella zona pedonale di piazzale Gambara. La **selezione dei vini** è estremamente ragionata, e se vi venisse fame, in aggiunta agli **stuzzichini** che vengono serviti normalmente, potete anche ordinare **taglieri** di formaggi, salumi e altre bontà. Ricordatevi di prenotare perché è sempre pieno.

4 Piazzale Veronica Gambara 4, 02 36561946 | €

MOM CAFÈ

I mercoledì del Mom erano i più famosi della città: studenti e giovani lavoratori si davano appuntamento qui ogni settimana e riempivano non solo il locale, ma anche i giardini adiacenti. Ora l'appuntamento settimanale non c'è più, ma il Mom è rimasto una **sicurezza per fare nuove conoscenze** e passare una bella serata in compagnia, con **buona birra e ottima musica**, in un'atmosfera decisamente conviviale e giovane.

5 Viale Monte Nero 51, 02 59901562 | €

DEUS CAFÈ

Se si tratta di festeggiare, il Deus è sempre una buona idea, nonché una scusa ideale per passeggiare nel bel quartiere dell'Isola (e da poco anche in zona Navigli). Grazie agli ampi spazi e all'offerta variegata, questo locale è perfetto per ogni occasione, dal **brunch** all'**aperitivo** fino ad arrivare al **dopocena**, anche per **gruppi numerosi**. Nelle sere d'estate, poi, potrete approfittare del bel cortile interno per bere un cocktail o un bicchiere di vino all'aria aperta.

6 Via Genova Thaon di Revel 3, 02 83439230; via Sartirana 1, angolo via Vigevano, 02 38267836 | €

FRIDA BAR

Al netto di un servizio non sempre cortese, questo locale potrebbe fare al caso vostro se siete una compagnia ben nutrita. Al Frida, **storico bar in zona Isola**, si sta bene anche in tanti: la location, specie all'esterno, è **suggestiva**, ed è sempre affollato sia all'ora dell'aperitivo che per il dopocena.

7 Via Antonio Pollaiuolo 3, 02 680260 | €

FONDERIE MILANESI

Questo locale di via Giovenale, in uno dei cortili più suggestivi di tutta Milano, **a metà strada tra Porta Romana e Porta Genova**, è uno dei nostri preferiti. Grazie agli ampi spazi, all'atmosfera rilassata e alla location davvero speciale, le Fonderie Milanesi vi regaleranno un po' di **magia**. Se il tempo lo consente, prenotate un tavolo nel **cortile interno**.

8 Via Giovenale 7, 02 36527913 | €

Dimmi con chi mangi
Easy e all'aperto
Di cosa hai voglia
Vorrei fosse domenica
Bere bene
Shopping & Lifestyle

CHINESE BOX

Situato in **corso Garibaldi**, si riconosce dai giovani che affollano la piazzetta antistante, diventata ormai il ritrovo fisso di tanti milanesi. Il Chinese Box offre **cocktail discreti, un aperitivo piuttosto ricco**, e dà il meglio di sé dalle dieci di sera in poi; decisamente da evitare se cercate un posto tranquillo, è invece ideale per **trascorrere una serata in compagnia di amici**.

9 Corso Garibaldi 104, 02 6554564 | €

AL CONFINE

Tra i tavolini di questo pub decisamente 'sincero', si sono alternate negli anni generazioni di liceali e universitari alla ricerca di **un posto informale con un'ampia scelta di birre, piadine e panini**. Il marciapiede antistante il locale, specie il venerdì e la domenica, quando una pinta costa 3,5 €, si riempie di persone pronte a fare serata davanti a una buona bionda.

10 Viale Coni Zugna 59, 392 5801075 | €

KARAOKE: I LOCALI MIGLIORI PER CANTARE TUTTA LA NOTTE

Come sa bene chi è venuto almeno una volta ai nostri *Conosco un Aperitivo*, a noi la voglia di cantare non manca mai! A Milano, rispetto ad altre città, soprattutto all'estero, i karaoke non sono ancora tantissimi. Questa la nostra scelta per trascorrere una serata all'insegna della musica e del divertimento (anche un po' trash)!

POLYGRAM KTV PAOLO SARPI 33

Il karaoke più famoso della città parla cinese. Nel cuore della Chinatown meneghina, il KTV ricorda una discoteca cinese anni Ottanta ed è suddiviso tra **sale private** da riservare, per sfidarvi con gli amici, e **sale pubbliche per sgolarvi con chi non conoscete**. Anche se la consolle è in cinese e potreste fare un po' di fatica a scegliere i brani, non abbiamo dubbi che qui trascorrerete una delle serate più entusiasmanti di sempre.

11 Via Paolo Sarpi 33, 333 1883838

AL 113 JOHANN SEBASTIAN BAR

In questo **locale un po' kitsch sul Naviglio Grande**, il divertimento è assicurato per tutte le età. Il karaoke lo trovate nei weekend, insieme ad Angelique, la proprietaria-vamp che decide tutto. **Impossibile uscire da qui sobri e ancora con la voce: non dite che non vi abbiamo avvertito!**

12 Ripa di Porta Ticinese 113, 339 3668547

IL PATUSCINO

In questa **storica discoteca a Brera, il martedì** c'è la **serata karaoke** fino alle 3 del mattino. Lo spazio è minimo e sempre affollato, ma se non soffrite di claustrofobia e non vi spaventa sudare, vi divertirete di certo. Le altre sere, anche se non ci si esibisce singolarmente, potrete cantare lo stesso: **la musica è sempre divertente**, con tanti classici italiani e revival, e sarà come partecipare a un karaoke di massa.

13 Via Madonnina 19-21, 02 72095334

ENOTECHE

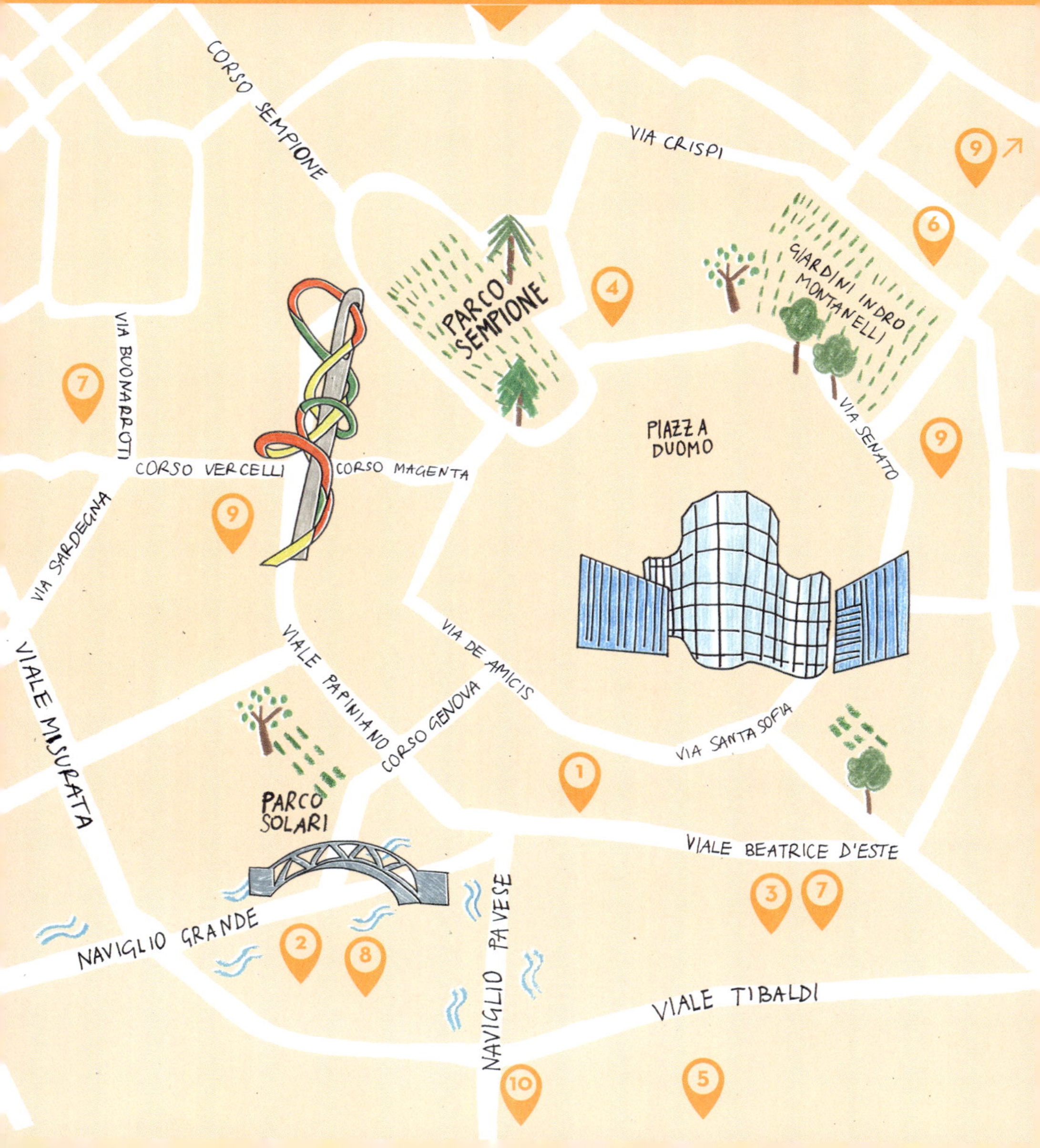
CORSO SEMPIONE
VIA CRISPI
PARCO SEMPIONE
GIARDINI INDRO MONTANELLI
VIA BUONARROTI
VIA SENATO
PIAZZA DUOMO
CORSO VERCELLI
CORSO MAGENTA
VIA SARDEGNA
VIALE MISURATA
VIALE PAPINIANO
VIA DE AMICIS
CORSO GENOVA
VIA SANTA SOFIA
PARCO SOLARI
VIALE BEATRICE D'ESTE
NAVIGLIO GRANDE
NAVIGLIO PAVESE
VIALE TIBALDI
1
2
3
4
5
6
7
8
9
10

E/N – ENOTECA NATURALE

In un **meraviglioso cortile davanti alla Basilica di Sant'Eustorgio**, Enoteca Naturale è una certezza per gli amanti dei **vini naturali**. Qui si beve bene e si può anche ordinare qualche **piccolo (ma curatissimo) sfizio**. Il personale è gentile e preparato, il conto adeguato, ma soprattutto E/N **promuove l'inserimento sociale dei richiedenti asilo** con dei periodi di tirocinio e sostiene **Emergency** con parte del ricavato. In una parola: **consigliato**.

1 Via Santa Croce 19/A, 02 82770589 | €

VINOIR

L'offerta di locali dove bere sui Navigli è pressoché infinita e spesso diventa difficile trovare un posto dove non venga servito vino mediocre. Fortunatamente da Vinoir la selezione dei vini, quasi tutti naturali e focalizzata su **etichette italiane di piccoli artigiani, è di altissima qualità** e si aggiunge a una competenza del personale che raramente abbiamo notato da altre parti. Troverete anche una piccola selezione di libri sul vino e un fitto calendario di approfondimenti didattici e culturali.

2 Ripa di Porta Ticinese 93/B, 02 39811202 | €

LA CIECA

In questo **locale** in **zona Bocconi** si servono ottimi vini che cambiano frequentemente per soddisfare ogni tipo di richiesta, e la proposta culinaria è davvero interessante (non perdetevi la tartare di cavallo!) Il vero punto di forza, però, è **la possibilità di svolgere in loco corsi di degustazione di primo e di secondo livello**, che vi permetteranno di trasformarvi da semplici appassionati in esperti intenditori.

3 Via Carlo Vittadini 6, 02 58437901 | €

ASSOCIAZIONE VINI E SALUMI NATURALI

Tra la miriade di anonimi locali in **corso Garibaldi**, questo è sicuramente l'indirizzo giusto per un buon bicchiere di vino. Qui si bevono **vini naturali** davanti a **taglieri di salumi e formaggi** o a qualche **sfizio** dalla cucina, come i paccheri alla genovese, l'hummus con pinzimonio e la vellutata di carote. Il team in sala è molto cortese: cercate di convincerlo a darvi un tavolo nel meraviglioso giardino sul retro, ne rimarrete incantati!

4 Corso Garibaldi 41 | €

MESTÉ

Immaginate buonissimi vini naturali, piatti ben riusciti pensati anche in un'ottica di condivisione, prodotti di qualità tutti italiani, e sommateli a un **ambiente piacevole** in un'atmosfera calda e rilassata. Il risultato che otterrete è Mesté, un luogo in zona Bocconi perfetto per trascorrere una piacevole serata accompagnata da ottimo vino e da una cucina con piatti adatti anche ai vegetariani.

5 Via Corrado II il Salico 12, 346 8061538 | €€

CHAMPAGNE SOCIALIST

Sull'onda della passione per i vini naturali che ormai ha conquistato Milano, in questa piccola enoteca in **Porta Venezia** avrete l'imbarazzo della scelta tra le centinaia di etichette, provenienti da **diverse parti del mondo**, che ne affollano le pareti. Oltre a essere naturali, l'altro unico denominatore dei vini che troverete qui è la provenienza da **produttori molto ricercati**. Ad accompagnare il vostro calice, una selezione di salumi e formaggi e qualche stuzzichino degno di nota.

6 Via Lecco 1, 02 2047295 | €

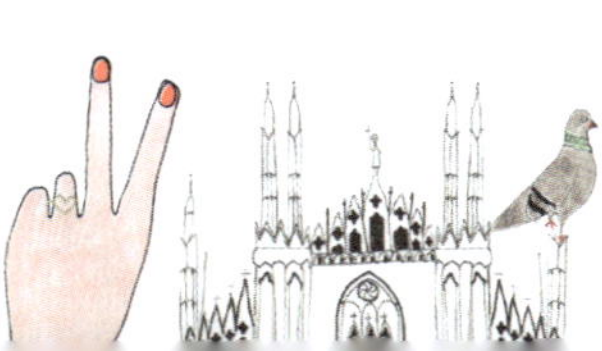

EL BÜSCIA

Sin dal nome (*El büscia* in milanese significa 'che ha le bollicine', 'che frizza') si può capire perché questo locale sia diventato una certezza per i milanesi in fatto di **champagne e bollicine; la vastissima scelta di etichette** spazia da cantine di piccoli produttori sino a nomi più altisonanti. Le bottiglie in vendita hanno **ricarichi molto onesti e anche il cibo servito è di altissima qualità.**

7 Viale Beatrice d'Este 48, 02 45498762; via Raffaello Sanzio 4, 02 36534945 | €€

IL SECCO

In questa piccola enoteca a due passi dal **Naviglio Grande** specializzata in bollicine (principalmente italiane e per lo più sconosciute ai 'profani') si sta davvero bene: il personale disponibile e gentile, la clientela tranquilla e affezionata (se amate i fumetti, venite qui per un autografo di Tito Faraci) e, ovviamente, **la qualità altissima delle etichette proposte** rendono il Secco un gioiello da preservare gelosamente.

8 Via Angelo Fumagalli 2, 02 48677328 | €

IL VINACCIO

Senza troppe pretese, ma questa piccola enoteca è davvero piacevole per fare una breve sosta in **zona corso Vercelli** (ma lo trovate anche in **altre tre sedi** a Milano). Qui si beve bene e a prezzi 'calmierati', oltre al fatto che dal bancone, al prezzo del calice, vi porteranno qualche **piattino** a base di sottaceti, mortadella a tocchetti e qualche altro piccolo sfizio.

9 Tre sedi a Milano | €

CANTINA URBANA

Cantina Urbana è stata **la prima cantina a produrre vino in città**. Infatti, la vinificazione si svolge interamente in questo locale a poca distanza dalla Darsena: dall'arrivo dell'uva, fino all'etichettatura delle bottiglie, **potrete seguire tutto il processo di produzione**, anche grazie a specifici percorsi didattici organizzati periodicamente. Già ciò basterebbe a rendere questo posto speciale, ma in più si aggiungono una proposta di cucina curata e un ambiente arioso e piacevole in cui degustare il proprio vino *milanese*.

10 Via Ascanio Sforza 87, 02 27014347 | €

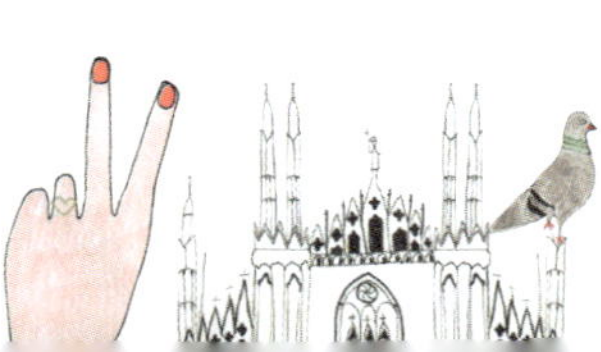

COCKTAIL BAR

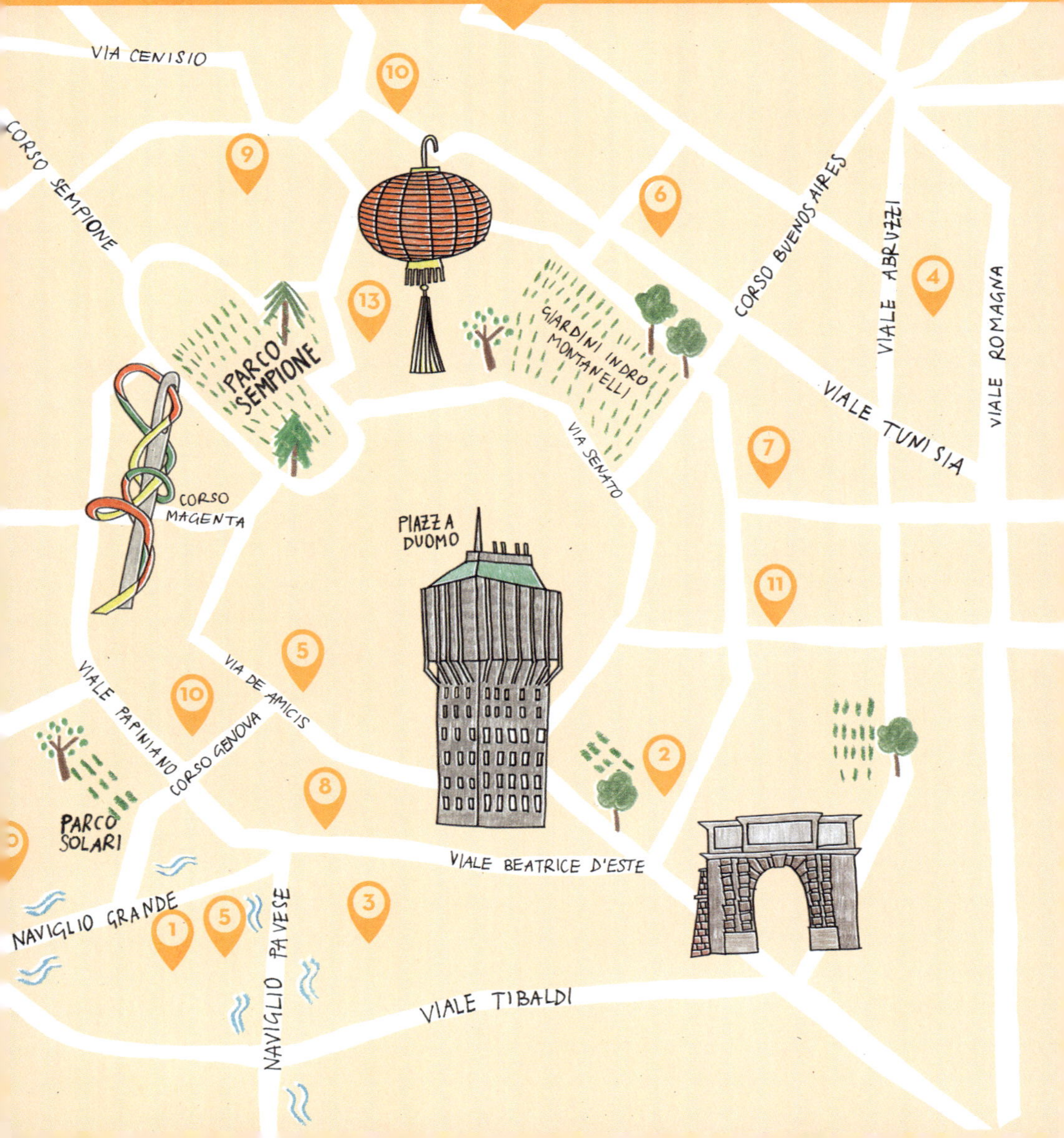

RITA & COCKTAILS

Nonostante si trovi in una traversa del Naviglio Grande, dunque leggermente più appartato rispetto ai locali della zona, il Rita è **una delle mete più frequentate sui Navigli** e capita che per bere qualcosa si debba fare un po' di fila. **Merito dei barman, che qui preparano i cocktail bene e con passione**. Spaparanzati su uno dei divanetti all'interno, ordinate un 'Cazzi Tuoi' soltanto per il gusto di dirlo. Ma la lista è lunga, e ogni cocktail è debitamente spiegato, **oltre che buonissimo**.

1 Via Angelo Fumagalli 1, 02 8372865 | €

LACERBA

Se amate il Bloody Mary, qui lo fanno in maniera incredibile, e in una decina di varianti come il '**Maria L'Acerba' con tabasco verde e vodka al peperoncino home made, il 'Q.B.'**, con tequila, basilico e liquore alla cannella e, soprattutto, il '**Yellow Sub-Maria'**, tequila infusa al peperone giallo e una spolverata di curcuma. Accomodatevi sui divani nella sala ispirata al Futurismo e, se l'aperitivo vi apre lo stomaco, passate nella sala attigua, dove si spalancano le porte del **ristorante di pesce**, in cui i piatti sono (quasi) all'altezza dei drink serviti nella zona bar.

2 Via Orti 4, 02 5455475 | €

BARATIE

Questo **cocktail bar** in **zona Solari** propone vini al calice o in bottiglia e 'signature cocktail' dagli ingredienti particolari (per esempio il **testa d'alga**, con whiskey all'alga nori, limone, miele alla salvia). Il **cuoco è sardo**, ma qui non regna la cucina regionale tradizionale: troverete, piuttosto, alcuni piatti interessanti e ideali per la condivisione, come i *bao* con verdure e cavallo, la seppia cruda e lo spiedino d'asino.

3 Via Stendhal 49, 02 82396344 | €€

BAR BASSO

Qui si parla di storia: sin dal 1933, il Bar Basso si trova in Porta Venezia. Celebre per aver **inventato il Negroni Sbagliato**, è un posto autentico e frequentatissimo da avventori di tutte le età, soprattutto in orario aperitivo: accomodatevi sui tavolini antistanti il locale, e siate preparati a ricevere il cocktail a base Campari in una coppa dalle dimensioni davvero importanti. **Vi sentirete improvvisamente un po' più milanesi.**

4 Via Plinio 39, 02 29400580 | €€

MAG CAFÈ

Situato in posizione strategica **lungo il Naviglio Grande**, il Mag Cafè rimane un rifugio sicuro, in mezzo ai tanti locali mediocri che affollano la zona. Qui potrete ordinare **buonissimi cocktail e non solo**: tra luci soffuse e comode poltrone concedetevi un buon bicchiere di vino, un tagliere di salumi e formaggi, o semplicemente un tè caldo e un buon libro. Unico avvertimento: dopo cena l'ambiente diventa davvero molto affollato. Se non trovate posto, potete approfittare del nuovissimo Mag La Pusterla, sempre in zona.

5 Ripa di Porta Ticinese 43, 02 39562875; via Edmondo De Amicis 22, 02 49755094 | €

BARBA

Barba è un locale un po' nascosto nella zona tra **corso Buenos Aires e Stazione Centrale**, dove poter trovare ingredienti particolarissimi e delle **(ottime) rivisitazioni dei grandi classici della miscelazione**. La cucina è sempre aperta, e potrete scegliere da un menu molto invitante qualcosa con cui accompagnare il vostro cocktail. **Consigliatissimo per l'aperitivo o per il dopocena.**

6 Via San Gregorio 40, 02 36515846 | €

NOTTINGHAM FOREST

Per moltissimi anni il Nottingham Forest è stato incluso tra i 'The World's 50 Best Bars', e il motivo è piuttosto evidente una volta entrati in questo locale: tralasciando l'ambiente suggestivo, verrete accolti da **una chilometrica lista di cocktail** tra cui scegliere, ognuno di questi massima espressione della miscelazione molecolare. Preparatevi a ingredienti sconosciuti, bicchieri sorprendenti e a **un'esperienza davvero unica nel suo genere**.

7 Viale Piave 1, 02 798311 | €€

THE DOPING CLUB COCKTAIL BAR

Oltrepassate un grosso cancello di metallo, attraversate un cortile e avventuratevi all'interno del The Yard Hotel: ad accogliervi troverete un **ambiente anni Trenta meraviglioso**, riccamente arredato con divani in pelle, oggetti vintage e lampade soffuse. Qui potrete scegliere da una vasta e interessantissima drink list, sorseggiare un whisky o fumare un sigaro, **con l'impressione di essere in un club privato.**

8 Piazza XXIV Maggio 8, 02 89415901 | €€

Dimmi con chi mangi
Easy e all'aperto
Di cosa hai voglia
Vorrei fosse domenica
Bere bene
Shopping & Lifestyle

BULK MIXOLOGY FOOD BAR

Situato **all'interno dell'Hotel Viu in zona Paolo Sarpi**, il bar condivide gli spazi con il ristorante attiguo di Giancarlo Morelli. Al Bulk potrete trovare cocktail originali e preparati ad arte da esperti mixologist. L'ambiente elegante è perfetto per un aperitivo tra amici o colleghi, oppure per un drink dopo cena. Nel caso vi venisse un languorino, potrete accompagnare i cocktail con qualche stuzzichino o una pizza gourmet.

9 Via Aristotile Fioravanti 4, 02 80010918 | €€

THE BOTANICAL CLUB

Nelle tre sedi del Botanical club, **all'Isola, in Tortona e in Porta Venezia**, potrete bere un drink fatto bene e provare il **poke** o altri piatti a base di carne e pesce, tutti eseguiti magistralmente. **Accompagnateli con un gin tonic della casa**: il Botanical, infatti, oltre a essere un bar e ristorante è anche una **piccola distilleria** e in carta ha una serie di cocktail spaziali, tra cui spiccano senza dubbio, appunto, i gin tonic, tutti *home made*.

10 Tre sedi a Milano | €€

SPEAKEASY: 3 COCKTAIL BAR 'SEGRETI' A MILANO

Seguiteci per tornare ai tempi del Proibizionismo, quando gli indirizzi dove bere alcolici erano segreti e solo pochi fortunati potevano accedervi grazie al passaparola. Voi siete tra questi e qui vi sveliamo tre dei nostri preferiti.

1930

L'unico modo per accedervi è farsi amico un barista del già menzionato Mag (la proprietà dei due locali è la stessa), o accompagnare qualcuno che sia riuscito a entrare nelle loro grazie. **Il 1930 è un bar segreto per davvero**, e una volta conquistata la chiave di accesso saprà sorprendervi con cocktail incredibili, qualche piatto per coccolarvi e un'atmosfera esclusiva e rilassante.

11 Zona piazza Cinque Giornate | €€

DANDELION

Per entrare dovrete risolvere un rebus; se ci riuscirete, vi verrà fornito un indirizzo e la parola d'ordine che vi consentirà l'accesso in questo bar segreto, dall'**ambientazione minimal** e suddivisa su due diversi piani. La drink list è arricchita da **ingredienti particolarissimi**, che varranno sicuramente tutti i vostri sforzi enigmistici.

12 Indirizzo segreto | €€

WHITE RABBIT

Registratevi sul sito per ottenere la parola d'ordine che vi permetterà di entrare nella misteriosa **tana del coniglio bianco** a **Isola**: in uno splendido ambiente che sembra uscito direttamente dagli anni del **Proibizionismo**, tra **musica jazz** in sottofondo e personale preparatissimo, troverete una lista di cocktail curata e innovativa come in pochi altri posti a Milano.

13 Via Garigliano 4, 340 2781263 | €€

BIRRERIE

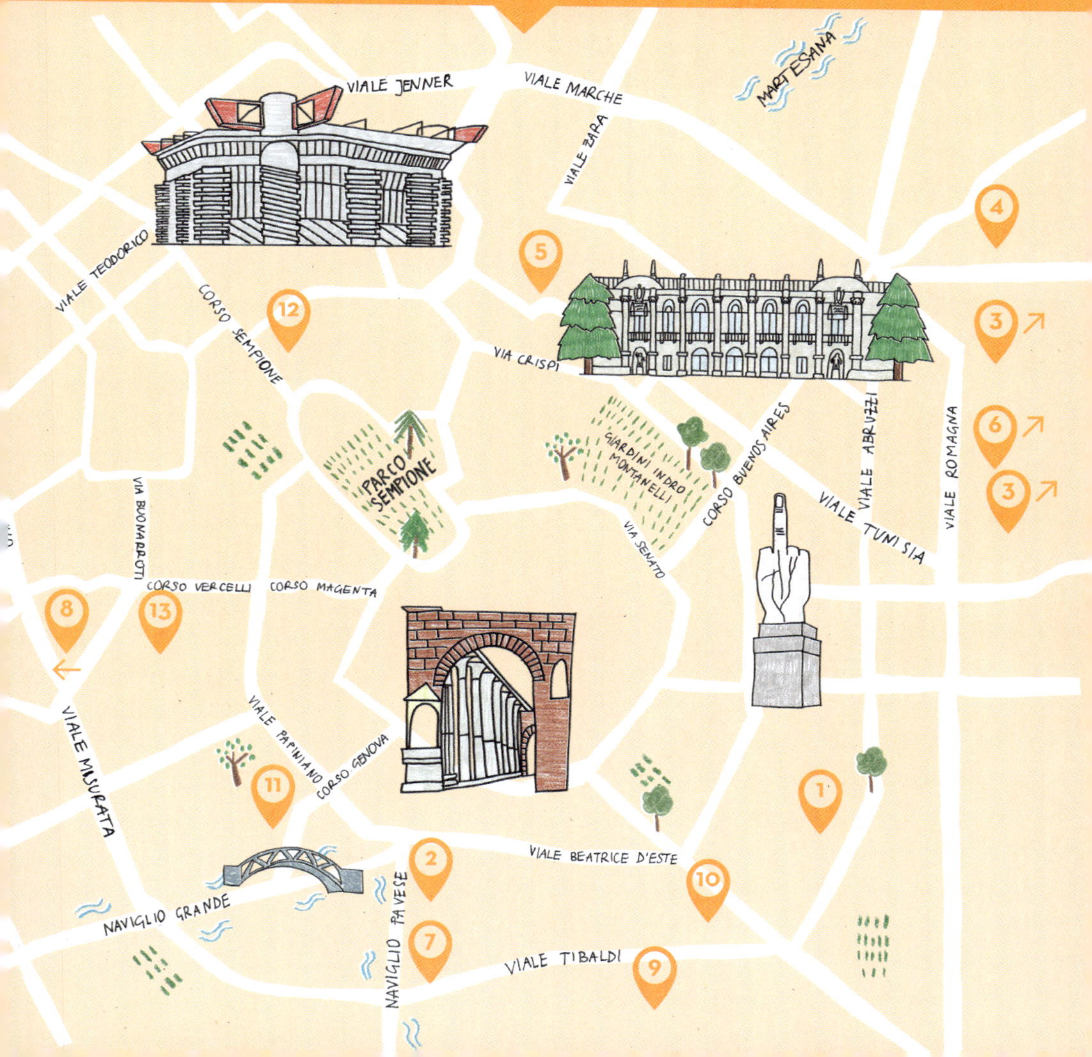

VIALE JENNER
VIALE MARCHE
MARTESANA
VIALE ZARA
VIALE TEODORICO
CORSO SEMPIONE
VIA CRISPI
PARCO SEMPIONE
GIARDINI INDRO MONTANELLI
CORSO BUENOS AIRES
VIALE ABRUZZI
VIALE ROMAGNA
VIALE TUNISIA
VIA SENATO
VIA BUONARROTI
CORSO VERCELLI
CORSO MAGENTA
VIALE MISURATA
VIALE PAPINIANO
CORSO GENOVA
NAVIGLIO GRANDE
NAVIGLIO PAVESE
VIALE BEATRICE D'ESTE
VIALE TIBALDI
1
2
3
3
4
5
6
7
8
9
10
11
12
13

LAMBICZOON

C'era una volta una cena tra amici e un paio di birre, e adesso c'è Lambiczoon. Così, infatti, ha avuto inizio la storia del locale in via Friuli. **Le protagoniste vere, qui, sono alla spina:** bionde, ambrate, scure e lambic, ovvero birre caratterizzate dalla fermentazione spontanea. Il locale ideale per chi la birra la conosce e sa che cosa bere, ma ama anche accompagnarla con qualcosa di buono: **qui gli hamburger sono spaziali!**

1 Via Friuli 46, 02 36534840 | €

LA BELLE ALLIANCE

Belghe, francesi, inglesi, tedesche, scozzesi e pure americane. Tutte birre artigianali al pub La Belle Alliance, dove la sostanza conta più della forma. Un locale spartano dove spesso vengono trasmesse le partite di calcio e in cui tutte le attenzioni sono per la birra. **Il posto perfetto per gli 'integralisti'** che saranno in adorazione davanti alla lista delle artigianali in continua rotazione e di fronte a una **trentina di spine e pompe** pronte a spillare birra per un viaggio a bordo del luppolo.

2 Via Evangelista Torricelli 1, 02 99246410 | €

BIRRIFICIO LAMBRATE

Un luogo sacro per tutti i *beer lovers*: il Birrificio Lambrate è sempre una garanzia per gli appassionati della birra artigianale, anche perché è **il più antico micro-birrificio della città**. Panche, tavoloni, sgabelli, bancone: il legno è il protagonista nel locale, come il luppolo nel bicchiere. Un legame forte con la città si coglie anche nella scelta dei nomi delle birre: la 'chiara' Montestella, la Ghisa (scura), la Sant'Ambroeus (chiara doppio malto).

3 Via Adelchi 5, 02 70638678; via Camillo Golgi 60, 02 84961890 | €

CHEERS

Sarà per i rassicuranti arredi in legno, per il rock di qualità in sottofondo, per la simpatia del personale o per la clientela lontana da quella impomatata dei locali del centro, ma ci si sente **subito a proprio agio** in questo pub in via Casoretto, dove ovviamente un posto di rilievo è occupato dalle birre, tra cui la buonissima Pilsner Urquell. Tra i cibi, non lasciatevi sfuggire i **gustosissimi nachos** con jalapeños e formaggio.

4 Via Casoretto 8, 02 36567830 | €

THE WALL

Nel cuore del quartiere Isola troverete questo piccolo locale, una garanzia in fatto di buona birra: in lista ci sono **solo birre artigianali italiane** che cambiano frequentemente, in una continua sperimentazione. Molto interessante anche la selezione di cibo con una vastissima offerta di pucce salentine. **L'ambiente è caratteristico e immediatamente riconoscibile**, grazie ai graffiti sui muri e agli arredi realizzati con materiali di recupero.

5 Via Carmagnola 15, 340 2217416 | €

BIRRIFICIO BELGRANO

'El hombre, por su naturaleza, aspira a lo mejor': questa frase del generale argentino Manuel Belgrano che campeggia su tutti i menu è la perfetta sintesi della filosofia di questo locale a **Lambrate**, che dal generale eroe dell'indipendenza argentina ha preso anche il nome. La cultura argentina del proprietario e le materie prime italiane si sono fuse e hanno dato vita a **una lista di birre artigianali tra le migliori della città**.

6 Via Giovanni Pacini 66, 351 9752495 | €

PICOBREW STATION

Il nome 'PicoBrew' è certamente conosciuto dagli amanti della birra milanesi per via del suo carretto itinerante presente da anni lungo il Naviglio Grande; da poco, però, ha aperto anche una sede fissa sul **Naviglio Pavese**. Il locale è davvero grande e luminoso, **le birre buonissime con nomi geniali**, la selezione di taglieri per l'aperitivo interessante e il personale super preparato.

7 Via Ascanio Sforza 63, 380 5904434 | €

BAM BREWERY

La scritta 'Organizziamo corsi di recupero per astemi' sopra al bancone mette subito le cose in chiaro: **la vastissima selezione di birre artigianali** (una ventina di spine, tra le quali spiccano quelle prodotte direttamente da loro) di questo piccolo locale in **zona Primaticcio** non è adatta a chi non ama bere (bene). Molto interessante anche la scelta dei cibi, con una cacio e pepe che potreste mangiare a Trastevere.

8 Via delle Forze Armate 99, 02 36556698 | €

DOPPIO MALTO MILANO

Questo **birrificio artigianale di Erba** ha da poco aperto un locale in viale Liguria, e ci ha subito conquistato grazie agli ampi spazi, una cucina semplice ma gustosa (suggeriamo, in particolare, la **carne alla brace**, ma trovate anche **pizza**, **burger**, **frittini** e **sfizi vari**), un personale gentile, tante idee di svago (**ping pong, biliardo, freccette, calcio balilla**), ma soprattutto grazie a birre buonissime e spillate con maestria.

9 Viale Liguria 47, 02 30459059 | €

POGUE MAHONE'S

Il Pogue da quasi tre decenni anima il quartiere di **Porta Romana** dove, in un ambiente rustico e chiassoso, potrete assaporare una selezione accurata di birre con una *front line* composta da Guinness, Murphy's e Kilkenny. **Sorprendente anche la qualità del cibo**, con un *fish and chips* degno di quelli di Londra. Della stessa famiglia fanno parte anche un pub gemello e un ristorante, entrambi a pochi passi.

10 Via Vittorio Salmini 1, 02 58309726 | €

3 LOCALI PER VEDERE LE PARTITE A MILANO

Siete appassionati di sport? Non vi perdete nemmeno un match (di calcio, ma anche di rugby o la MotoGP)? **Ecco i locali scelti da noi per vedere le partite a Milano davanti a una birra!**

MURPHY'S LAW

In **zona Savona-Tortona** questo pub irlandese è un punto di ritrovo per gli appassionati di calcio e non solo. Mettetevi comodi, fatevi servire una birra **e fate il tifo!**

11 Via Montevideo 3, 02 83242151 | €

442 SPORTS PUB

In **zona corso Sempione** i tifosi hanno pochi dubbi: per esaltarsi (o disperarsi) vengono al Fourfourtwo, conosciuto da tutti come 442. A farla da padrone qui sono **sei televisori su cui la moviola è all'ordine del giorno**. Non solo calcio, comunque, ma anche **rugby** e vari altri sport, e soprattutto birra e nachos.

12 Via Giulio Cesare Procaccini 61, 02 39448023 | €

HALL OF FAME SPORT BISTROT

Che siate tifosi di Inter o Milan, l'Hall Of Fame è sempre la scelta giusta, pur molto spartana, per seguire le partite della vostra squadra del cuore. Sedetevi davanti al maxischermo, scegliete che cosa mangiare da una **proposta di cibo nettamente superiore alla media degli altri pub** (con paste fresche, hamburger, tartare), prendete una weiss e scatenate il tifo. E se il derby dovesse andare male... consolatevi con un'altra birra!

13 Piazza Piemonte 8, 02 36705187 | €

DOVE FARE LA SPESA

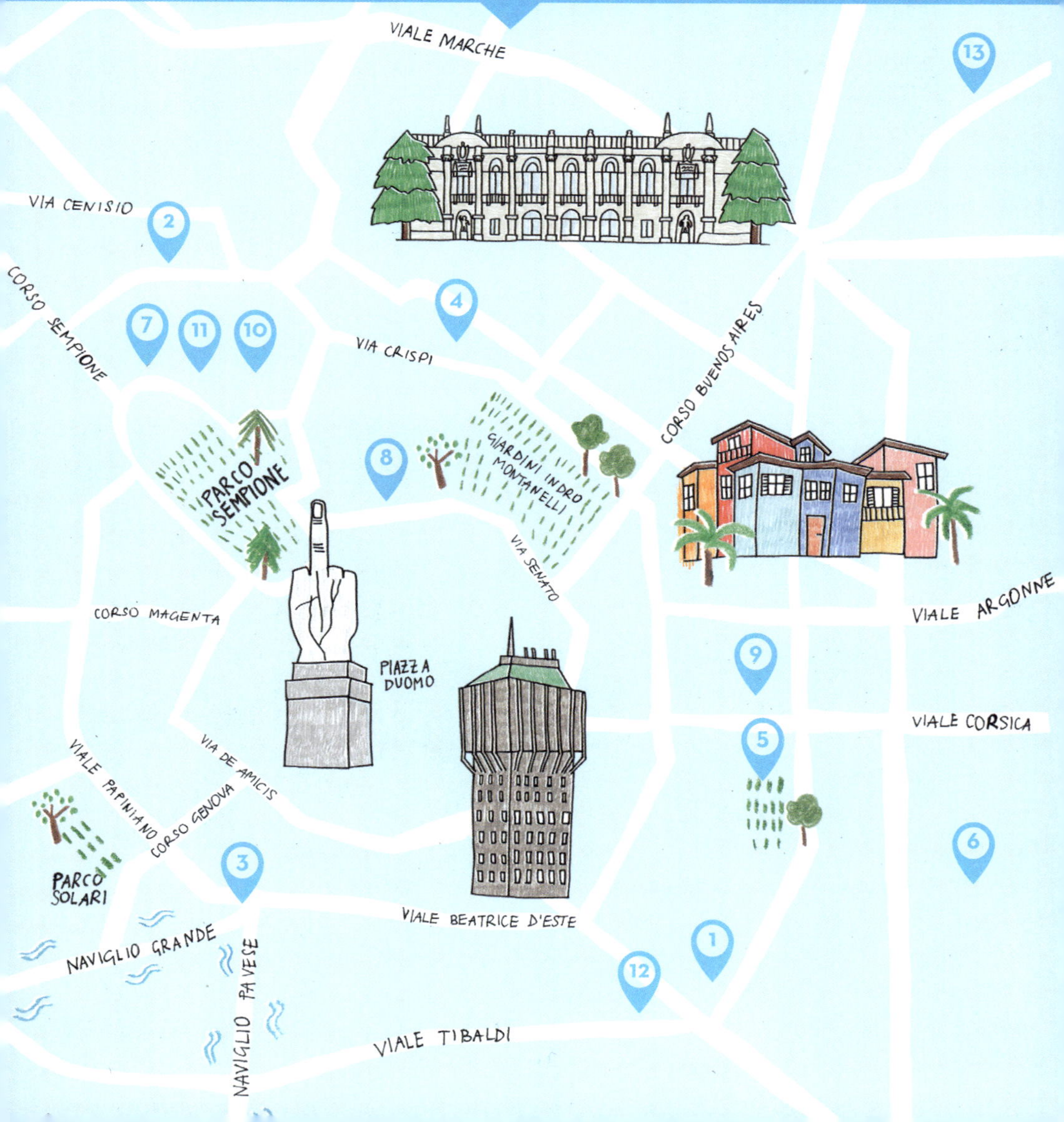

MERCATO AGRICOLO DI PORTA ROMANA

A Porta Romana l'agrimercato di Campagna Amica **promuove le eccellenze favorendo contatti tra agricoltori e consumatori.** Nell'assortimento degli oltre 30 produttori, si trovano i formaggi di capra e di mucca verzese dell'Azienda Agricola Colombo, lo storione e il suo caviale di Agroittica Lombarda, il miele e il polline di Api Generose, e poi ancora i salumi di Cascina Brugnole, frutta e verdura di Cascina Pizzo e il pane di Davide Longoni.

1 Via Friuli 10/A | €

MERCATO DELLA TERRA

Locali, di stagione e a prezzo equo per chi compra e per chi produce: così sono i prodotti del Mercato della Terra, che **il primo e il terzo sabato di ogni mese riunisce alla Fabbrica del Vapore decine di aziende attentamente selezionate da Slow Food** per la qualità della loro offerta. Frutta e verdura, carni e salumi, pane e cereali, formaggi e latticini: qui si fanno ottimi affari e spesso si scoprono prodotti poco conosciuti.

2 Fabbrica del Vapore, via Giulio Cesare Procaccini 4 | €

MERCATO DARSENA

Insegne classiche come la Polleria Belletti, alimentari etnici, in particolare sudamericani e asiatici, e nuove insegne, come Macelleria Popolare, (R)esistenza Casearia e Panificio Italiano, si uniscono sotto il mercato di piazza XXIV Maggio, nella struttura che si affaccia sulla Darsena. **Ogni bancone è tutto da scoprire: portate a casa la vostra spesa oppure fate uno spuntino in loco**, sui trespoli all'interno del mercato o seduti al sole a bordo acqua.

3 Piazza XXIV Maggio 14 | €

EATALY MILANO SMERALDO

Tre piani di scaffali e banchi frigo con le migliori materie prime da Milano e dintorni e **prodotti d'eccellenza da tutta Italia**. Macelleria, pescheria, frutta e verdura, pane, salumi e formaggi, pasta fresca e piatti pronti: tra i vari banconi del fresco c'è l'imbarazzo della scelta. Oltre al cibo, anche cosmetici, prodotti per la casa, utensili e libri. Se passate di qui a pranzo, a cena o all'orario dell'aperitivo, fatevi tentare anche dai notevoli ristoranti presenti nello store.

4 Piazza XXV Aprile 10, 02 49497301 | €€€

NEGOZIO LEGGERO

L'idea è semplice, ma rivoluzionaria: proporre un nuovo modo di fare la spesa, a prezzi competitivi e **senza produrre rifiuti inutili**. Qui, infatti, gli imballaggi sono banditi e la spesa si fa 'alla spina', scegliendo tra i tantissimi prodotti sfusi e prendendo solo le quantità che vi servono. Trovate di tutto: pasta, cereali, frutta, verdura, ma anche prodotti per l'igiene personale e della casa. Provate a farci un salto e siamo certi che non solo il vostro portafoglio, ma anche l'ambiente, vi ringrazieranno!

5 Via Augusto Anfossi 13, 02 99205762 | €

ORTOMERCATO, MERCATO ITTICO E MERCATO DELLE CARNI

Puntate la sveglia presto al sabato mattina, armatevi di carrellino e andate in via Lombroso: vi aspetta **un affascinante viaggio nei mercati agroalimentari di Milano**. Qui la spesa di pesce, carne, frutta e verdura si fa all'ingrosso ed è quindi molto conveniente, ma poiché la qualità e i prezzi variano da banco a banco, preparatevi a contrattare. Se avete il pollice verde, consigliatissimo anche **il mercato dei fiori**, sempre lì in zona.

6 Via Cesare Lombroso | €

ERBERT

Freschezza e sostenibilità sono le parole chiave di Erbert, indirizzo per gli amanti dell'alimentazione sana. Ai banconi del fresco potrete scegliere carne cento per cento bio, pesce esclusivamente mediterraneo, panificati con farine integrali e salumi iposodici. I prodotti direttamente confezionati da Erbert e i **tanti piatti pronti**, da consumare anche in loco, favoriscono la conservazione dei nutrienti grazie a cotture innovative.

7 Via Pietro Moscati 11, 02 83551293 | €€

CENTRO BOTANICO

In piena Brera, il Centro Botanico è solo in apparenza un normale negozio di prodotti biologici. In realtà, accanto a **verdure di piccoli produttori e alimenti selezionati**, offre tanto di più: **da vini, champagne e spumanti bio a prodotti naturali per la casa**. All'interno si trovano una fornitissima erboristeria e un piccolo caffè dove gustare una pausa pranzo leggera oppure una merenda pomeridiana in un'atmosfera rilassata.

8 Piazza San Marco 1, 02 654708 | €€

TERROIR

I prodotti disposti con ordine sugli scaffali di Terroir, negozio votato al **sostegno dei piccoli produttori**, sono frutto di una continua ricerca portata avanti dal proprietario attraverso viaggi nel mondo e scambi con altri appassionati. Vini naturali, cioccolato *from bean to bar* e tè importato da Kyoto sono solo parte di **una proposta praticamente senza rivali**. C'è anche un piccolo bar dove assaggiare centrifughe e tanto altro.

9 Via Macedonio Melloni 33, 02 38246796 | €€€

MERCATI SETTIMANALI

Sono oltre 100 a settimana i **mercati all'aperto nei vari quartieri di Milano**, da Papiniano a via Fauchè, da via Calvi a via Benedetto Marcello. Trovate banchi di frutta e verdura, di pesce e carne, quelli specializzati in salumi e latticini, e anche i camioncini con cibo pronto: polli allo spiedo e fritti di ogni genere. Accanto agli alimentari, ci sono prodotti per la casa, cosmetici e vestiti. Cercate quello più vicino a voi e sceglietevi i vostri banchi di fiducia.

10 Luoghi e orari vari | €

3 STORE PER UNA SPESA DAL MONDO

Una delle principali espressioni della cultura di un popolo è sicuramente il cibo, e Milano ospita i rappresentanti di più di 150 Paesi diversi. Qui abbiamo selezionato tre indirizzi per farvi fare il giro del mondo semplicemente facendo la spesa.

KATHAY

Kathay è **fra i più grandi food market multietnici d'Italia**: offre una vasta selezione di ingredienti di qualità per cimentarvi nella creazione di piatti orientali. Vi stupirete di fronte alla varietà di cibi provenienti da Giappone, Thailandia, Cina, Filippine, Corea, India, ma anche Medio Oriente e Sudamerica. Oltre al reparto alimentari e drogheria, il negozio propone anche una zona dedicata al fresco con frutta e verdura esotica, una fornita bottiglieria e una zona con tante ciotoline e complementi per la tavola semplicemente adorabili.

11 Via Luigi Canonica 54, 02 33105368 | €

GAGHE - KOREAN E JAPANESE FOOD SHOP

In questo piccolo shop gestito da una gentilissima signora scoprirete ogni prelibatezza asiatica, con un focus particolare sugli **ingredienti coreani**: alghe essiccate in varie versioni, patatine dai gusti particolari (tra cui quelle al wasabi nori o alle chele di granchio), gnocchi, udon, ravioli, tanti piatti pronti della tradizione e ramen di qualsiasi tipo. **Seul non vi sarà mai sembrata così vicina a Porta Romana!**

12 Via Piacenza 24, 02 84076284 | €

EUROMIX

L'Europa dell'Est è dietro l'angolo: da Euromix, nel quartiere Casoretto, vi perderete in un mondo di aringhe, spratti, panna acida, caviale, gulash in scatola, snack dai gusti originali e dalle confezioni pop. E ovviamente vodka, vodka come se piovesse.

13 Via Giorgio Chavez 2, 02 22222747 | €

BOUTIQUE DA DONNA

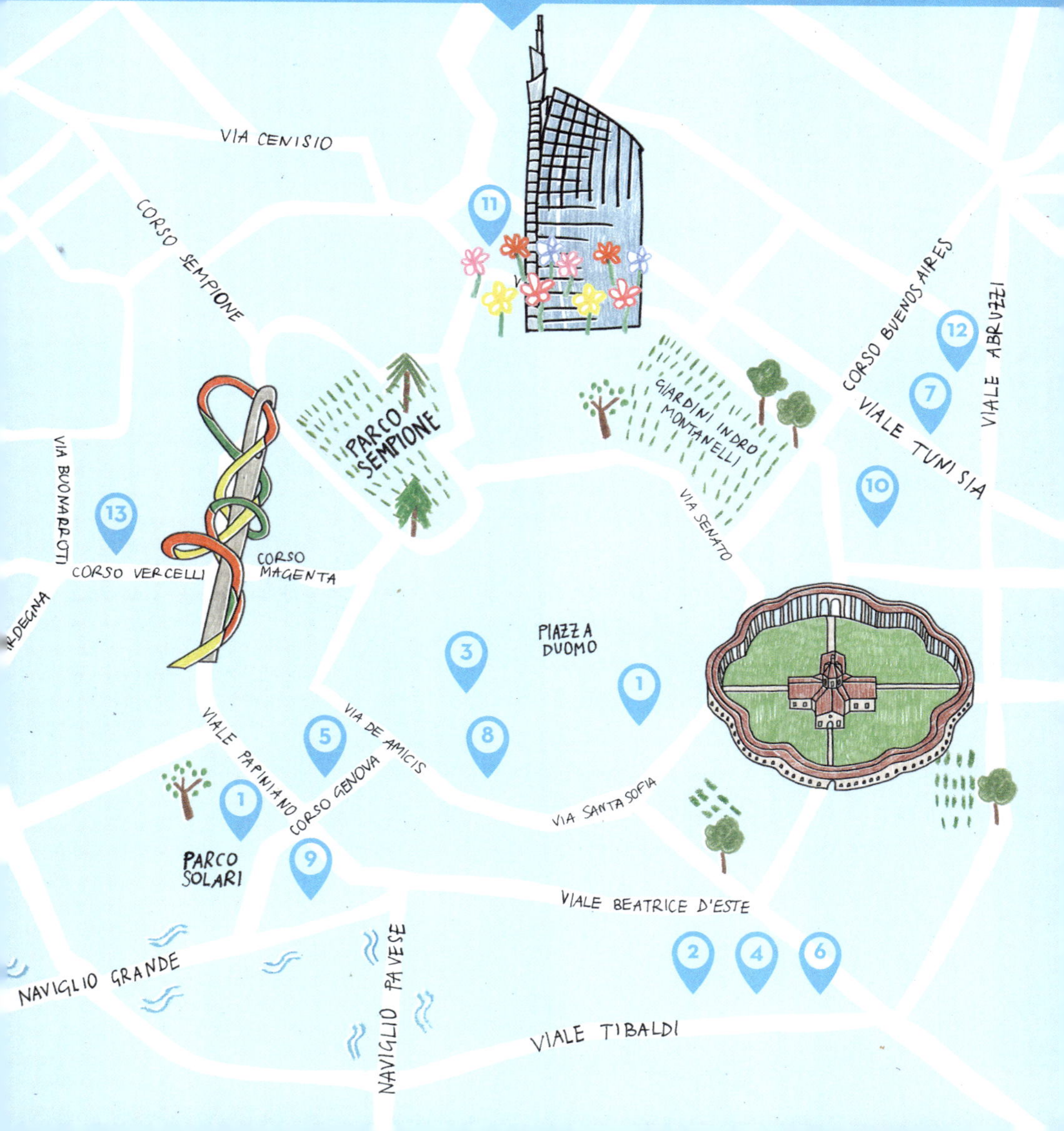

MERRY GO ROUND

Un'oasi di relax in Via Larga, dove gli abiti sono esposti per colore e si possono trovare tanti pezzi preziosi: dai più **tradizionali** ai più **stravaganti**, tutti impreziositi da **colori fuori dagli schemi**. I prezzi variano molto: si riescono a trovare capi a piccoli budget, mentre i più cari arrivano a costare anche qualcosa in più, a seconda del tessuto e del brand. Nota di merito per la stilosissima e preziosa proprietaria, che vi saprà consigliare al meglio.

1 Via Larga 8, 02 36534503 | €€

BEZPEN LABORATORY

Nelle vicinanze di **Porta Romana**, Bezpen ci ha conquistati a prima vista con le sue poltroncine in velluto, cornici alle pareti e dettagli in legno: la boutique è ricca di particolari che fanno sentire subito a casa. Le collezioni proposte sono davvero **sfiziose e a prezzi accessibili**, e ogni settimana l'allestimento si rinnova con qualcosa di nuovo. Che cosa rende questo posto unico nel suo genere? Non è un semplice negozio, ma anche un **laboratorio di uncinetto**: qui, infatti, vengono organizzati dei **corsi settimanali** per imparare questa tecnica.

2 Via Crema 15, 02 83539545 | €€

WAIT AND SEE

Situato nel meraviglioso quartiere delle Cinque Vie, questo negozio invita a fermarsi e a guardarsi intorno, in attesa di essere colpiti da qualcosa di speciale. **Possiamo confermarvi che di cose straordinarie, qui, ne abbiamo viste parecchie**, tra cui capi d'abbigliamento colorati e stravaganti, bijoux e oggetti vintage, ma anche articoli di cartoleria a cui farete fatica a resistere. Nonostante i prezzi non siano bassi, vi consigliamo di farci un salto se state cercando un posto dove trovare un capo nuovo da sfoggiare in un'**occasione speciale.**

3 Via Santa Marta 14, 02 72080195 | €€

MACLÒ

In **zona Porta Romana**, Maclò offre una selezione accurata di brand made in Italy, con qualche eccezione francese, proposta a un **prezzo davvero onesto**. Questa boutique è adatta anche a chi ama uno **stile un po' eccentrico**, con capi e scarpe originali dai dettagli in pizzo o con le paillettes per un vero guardaroba da 'guarda-che-roba'!

4 Via Piacenza 6, 02 54122686 | €

IO & ZOE

A due passi dai **Navigli**, **Io & Zoe** propone capi di **abbigliamento** e **bijoux** particolarmente indicati per chi ama vestirsi **casual**, ma con un tocco **che non faccia passare inosservate**. Super consigliato se cercate camicette con stampe colorate o gonne sbarazzine di tutte le lunghezze, gusti e tipologie. Tra i capi più originali, potrete trovare delle t-shirt con abbinate collane colorate in moltissimi modelli, acquistabili anche online. I **prezzi** sono in generale **accessibili**.

5 Corso Genova 15, 02 89422239 | €

C'EST LA V

Parola chiave: **pattern e stampe originali**. In **Porta Romana**, C'est la V è una tappa immancabile per chi ha un'**anima un po' gipsy e spensierata**. In questo shop potrete trovare pantaloni a zampa in moltissime varianti, gonne e salopette stravaganti, di tutte le lunghezze e tipologie. I prezzi sono in generale sopra la media, ma secondo noi giustificati dalla **qualità dei materiali** e dall'**originalità delle fantasie**.

6 Via Adige 6, 02 83544525 | €€€

DUE DI DUE

In questo negozietto in **Porta Venezia**, potrete scovare tanti pezzi originali provenienti da **stilisti emergenti** e dallo **stile decisamente alternativo**. I prezzi variano molto a seconda dei brand: di questi, molti sono **made in Italy** unici e di ottima qualità. Insomma, uscire da qui a mani vuote è davvero un'impresa difficile.

7 Via Antonio Stoppani 12, 02 29513992 | €€€

AGUA DEL CARMEN

A poca distanza dalle **Colonne di San Lorenzo** ha casa questa boutique dai gusti un po' eccentrici e dal tocco originale. È il posto ideale per chi ama osare con i colori o **dare un tocco pop con un accessorio particolare anche a un look semplice.** Vi consigliamo di venire qui soprattutto per i capispalla: se ne trova sempre qualcuno dal tocco inconfondibile e *über chic*.

8 Via Cesare Correnti 23, 02 89415363 | €€€

SALVATORE + MARIE

A due passi da **Porta Genova**, è tra i nostri posti di riferimento non solo per l'abbigliamento, ma anche per alcuni pezzi di design. All'interno di questo shop adorabile, dal mood minimal, potrete trovare alcune **chicche per arredare** la vostra casa con complementi fuori dagli schemi. Qui i prodotti si distinguono per una caratteristica comune, l'**eccellenza artigianale**, e non stentiamo a credere che, una volta varcata la soglia, rimarrete a bocca aperta.

9 Via Vigevano 33, 02 89422152 | €€€

IMARIKA

In **zona Palestro**, questo multibrand ci ha spesso salvate quando cercavamo **l'abito perfetto per un'occasione speciale**. Qui si trova una selezione di abiti e accessori con stampe colorate e originali, oppure dai toni semplici, ma con quel dettaglio in più. Il range di prezzi varia molto a seconda del brand e dei materiali, ma sicuramente questo è il posto in cui cercare (e trovare) **un pezzo di qualità** da aggiungere al guardaroba.

10 Via Giovanni Morelli 1, 02 76005268 | €€€

3 BOUTIQUE DA UOMO

Nonostante Milano sia la città della moda, a volte è difficile trovare un negozio di abbigliamento maschile che vada oltre alle solite catene del centro. Ecco tre indirizzi dove anche gli uomini più esigenti potranno trovare il capo giusto.

ERAL 55

Una granitica certezza per l'abbigliamento maschile in zona Porta Garibaldi, al suo interno potete trovare una quantità pressoché infinita di brand di abbigliamento, per lo più adatti a **uno stile informale, ma anche abiti fatti interamente a mano e ricercati pezzi vintage**, ideali per chi cerca un tratto distintivo.

11 Piazza XXV Aprile 14, 02 6598829 | €€

CIVICONOVE

Civiconove non è una boutique per soli uomini, ma un **concept store** in cui trovare anche abbigliamento femminile, profumi e accessori. La selezione dedicata all'uomo ha un'impronta street con una particolare attenzione alle **capsule collection** e alle collaborazioni tra brand. I prezzi variano molto a seconda del marchio e del capo scelto, ma in generale rimangono abbordabili.

12 Via Bartolomeo Eustachi 33, 02 84070913 | €€

CARDINALE

Negozio storico milanese, da sempre affezionato al **gusto del classico dalla firma artigianale e dalla cura in ogni minimo dettaglio**. Quest'indirizzo è famoso principalmente per la sua selezione di scarpe, ma all'interno potrete trovare anche piccola pelletteria, accessori, borse, cinture e valigeria. Tutti i prodotti sono made in Italy e hanno un **ottimo rapporto qualità-prezzo**.

13 Via Belfiore 9, 02 4981857 | €€

ROSTICCERIE

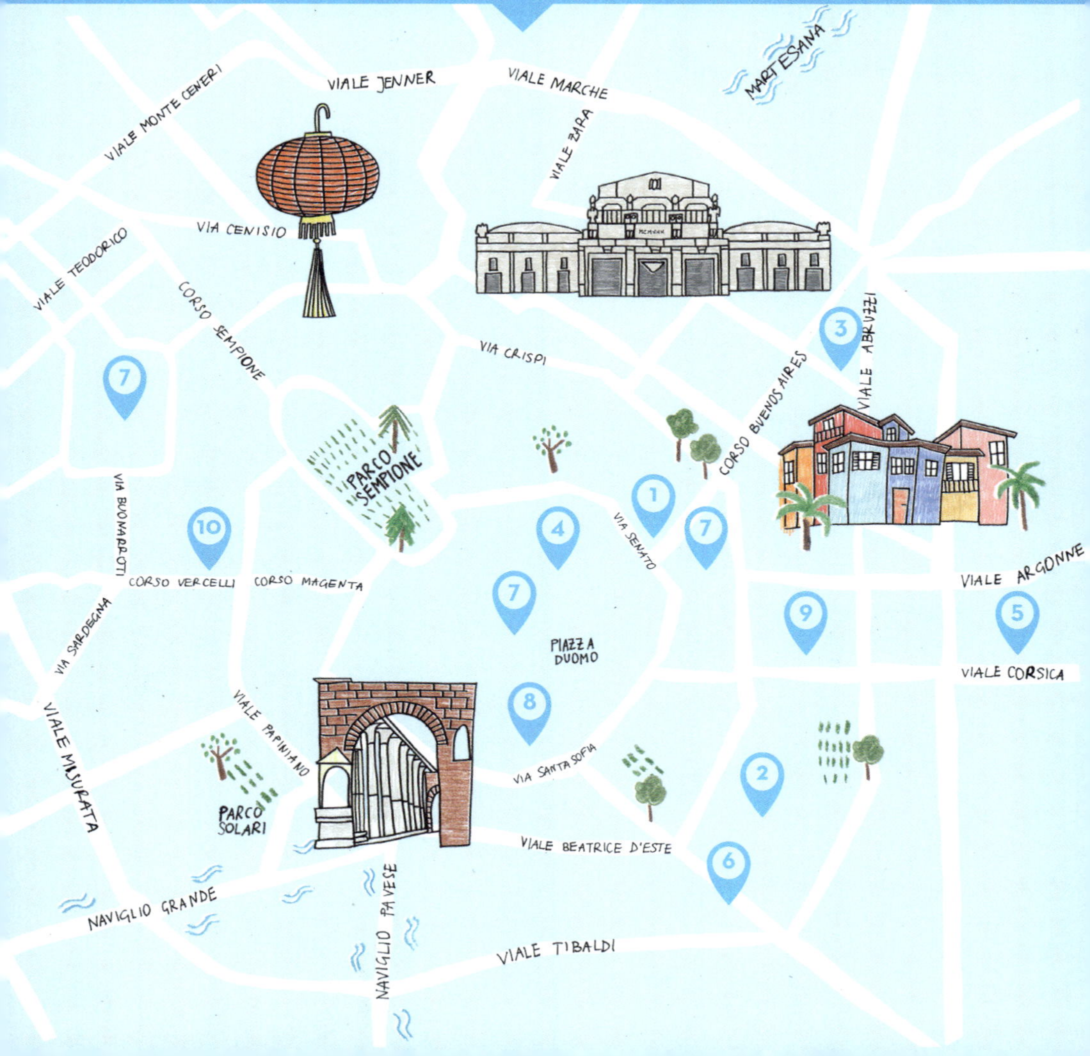

IL NUOVO PRINCIPE

Chiunque passi da **corso Venezia** non può non notare i vassoi di pasta fresca nella vetrina del Nuovo Principe, storica insegna milanese a due passi da piazza San Babila. Entrando sarete accolti da due banconi: dal primo potrete scegliere **i piatti del giorno** della tradizione meneghina (ma non solo), dall'altro **una selezione di salumi, formaggi e conserve**. Potrete anche gustare i vostri piatti direttamente nella sala luminosa e accogliente, perfetta per una pausa pranzo veloce e saporita.

1 Corso Venezia 21, 02 76000265 | €€

ROSTICCERIA LEONCINO

Leoncino è **l'erede della storica rosticceria Leoni** di corso Venezia, una delle più famose e antiche gastronomie di Milano che, dopo aver chiuso i battenti qualche anno fa, ha dato vita a questo spin-off in Porta Romana, precisamente in via Bergamo. Qui **lasagne, parmigiana e polpette sono i piatti forti**: potrete portarli via oppure approfittare dei tavoli messi a disposizione nella sala dalla caratteristica carta da parati.

2 Via Bergamo 12/A, 02 5510775 | €€

ROSTICCERIA PALAZZI

Da Palazzi, in **zona piazza Lima**, le prime cose che si notano sono il sorriso e la cortesia del personale che vi accoglie da dietro il bancone. Il menu spazia sempre all'interno della tradizione culinaria mediterranea e **varia praticamente ogni giorno**. Alcuni piatti, però, sono sempre presenti, come **la parmigiana monoporzione o le patate saltate con le cipolle**. Buona anche la pizza al trancio, quella alta e soffice tipica di Milano. E poi la focaccia: ve la regalano sempre.

3 Via Plinio 9, 02 2047374 | €€

IL SALUMAIO DI MONTENAPOLEONE

Al Salumaio di Montenapoleone si racconta una storia lunga più di sessant'anni. La gastronomia è accanto al ristorante che porta lo stesso nome, in pieno **Quadrilatero della moda**. I piatti sono cucinati con sapienza, **i salumi e i formaggi attentamente selezionati**, per un'offerta di altissima qualità. I prezzi, di conseguenza, sono piuttosto sostenuti, ma vale la pena farci un salto anche solo per la location ineguagliabile.

4 Via Santo Spirito 10; via Gesù 5, 02 76001123 | €€€

SALUMERIA GHIGNONI

Ghignoni è una sicurezza per le *sciure* del quartiere, racchiuso tra viale Corsica e viale Argonne (ma non solo). Due botteghe comunicanti in via Luisa Battistotti Sassi: da una parte trovate la macelleria, dall'altra la salumeria e la gastronomia. **Un tripudio di salumi, formaggi, tartine, insalate di mare, pesce fritto, polpette, verdure ripiene, brasati e tanto altro**. Tutto condito con la professionalità e la simpatia del personale.

5 Via Battistotti Sassi 24, 02 70123037 | €€

GIANNASI 1967

Giannasi e il suo **pollo allo spiedo** sono una leggenda in città. Il chiosco più famoso di Milano, con l'insegna a caratteri verdi che ci ricorda una storia iniziata nel 1967, si trova letteralmente al centro del quartiere di Porta Romana. Una **rosticceria fornitissima** (e sempre presa d'assalto) che vi regalerà squisite pause pranzo e vi salverà la cena quando sarete troppo stanchi per cucinare. Non ci sono tavolini ma, se la stagione lo permette, potrete trovare da sedere nel piccolo spiazzo verde accanto.

6 Piazza Bruno Buozzi 2, 320 8576881 | €

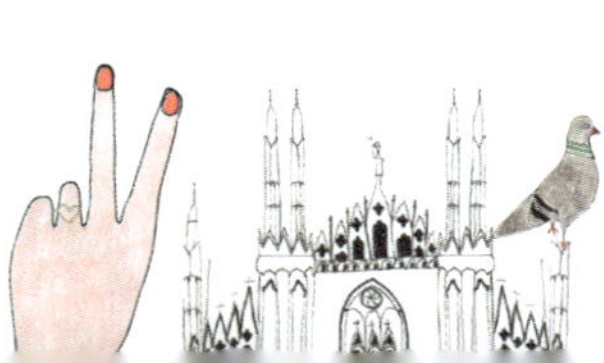

PECK

Probabilmente **la più famosa gastronomia in città**, un punto di riferimento per generazioni di milanesi che nella sede storica di **via Spadari** propone un'infinita selezione di piatti pronti e tante sfiziosità da drogheria di lusso. Ma da qualche tempo Peck non è più soltanto sotto il Duomo: dopo l'apertura a dicembre 2018 in **Citylife**, dove potrete fermarvi anche per un aperitivo, ha triplicato con un piccolo negozio sotto l'arco di **via Salvini**, a due passi da Villa Necchi Campiglio e dai fenicotteri rosa di Villa Invernizzi.

7 Tre sedi a Milano | €€€

CIVELLI

Civelli e il suo **pâté di fegato d'oca** sono un'istituzione da quasi sessant'anni in **zona Missori**. Il menu, consultabile sul sito, è sempre diverso e oltre a squisite specialità di rosticceria calda e fredda propone ottimi panini, hamburger e piadine gourmet da portare via o da consumare sul posto. In aggiunta, da Civelli troverete anche un'ottima selezione di salumi e formaggi, oltre alla pasta fresca preparata direttamente nel loro laboratorio.

8 Corso Italia 16, 02 8056487 | €€

GIACOMO ROSTICCERIA

Giacomo Bulleri è stato un'icona della ristorazione milanese. La sua rosticceria, aperta nel 2017 in quella **via Sottocorno** che è ormai diventata il quartier generale del brand, è una piccola villetta con giardino e arredi dal sapore antico. I piatti, da portare via o da mangiare sul posto (nella bella stagione anche in giardino), sono tipiche specialità da bancone gastronomico tra cui **lasagne, pappa al pomodoro, pollo allo spiedo, vitello tonnato e tanti contorni**. I prezzi? Da rosticceria, ma pur sempre 'di Giacomo'.

9 Via Pasquale Sottocorno 6, 02 76023313 - 02 76024305 | €€€

SALUMERIA CAMPAGNOLI

Indirizzo numero uno per tutte le *sciure* di corso Vercelli, Campagnoli è **la rosticceria più famosa in zona Conciliazione**, e non senza motivo. Qui troverete prodotti per tutti i giorni, dai salumi ai formaggi, passando per i piatti pronti, ma anche quelli 'delle grandi occasioni': imperdibili i pâté di vitello e, su tutti, il formaggio al salmone affumicato. Prezzi alti, adeguati alla qualità.

10 Corso Vercelli 14, 02 48005361 | €€€

DESIGN & HOME DECOR

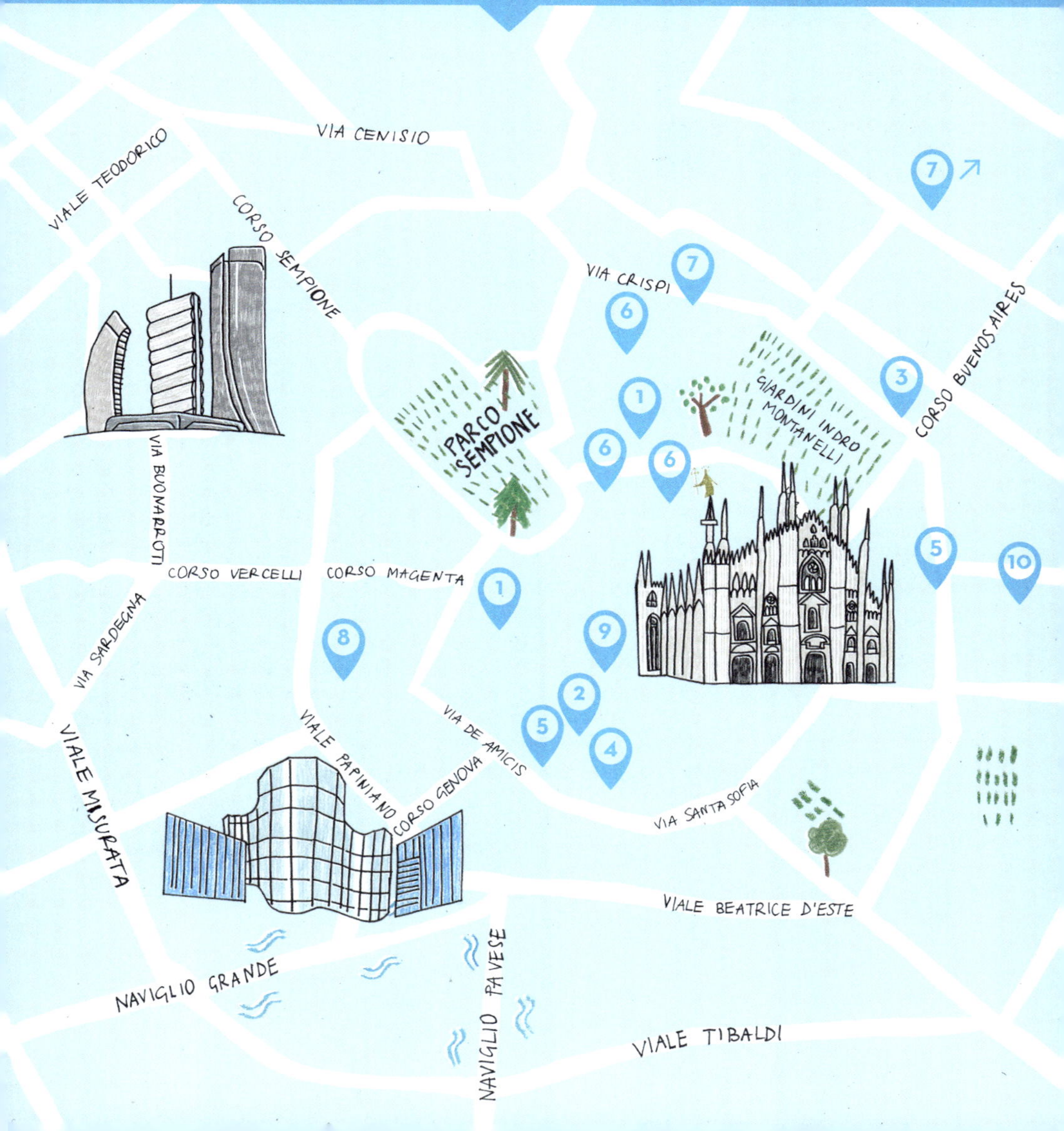

RAW & CO.

Presente a Milano con due store, in corso Magenta e in Brera, **Raw** propone nei suoi negozi oggetti davvero meravigliosi: **stoviglie di ceramica, cuscini e lampade**, ma anche **orologi, sedie e mobili**, spaziando da **gusti retrò** a mood decisamente più **moderni**. Raw si definisce 'Cabinet de curiosités', e se non vi abbiamo incuriosito già abbastanza, vale la pena fare un salto anche solo per la splendida veranda all'interno dello store in corso Magenta, che regala un'atmosfera davvero da favola.

1 Corso Magenta 10, 02 48024785; via Palermo 1, 02 84947990 | €€€

FUNKY TABLE

Se siete alla ricerca di **piatti** divertenti, colorati o fuori dal comune da aggiungere alla vostra collezione, **Funky Table**, nel bellissimo quartiere delle **Cinque Vie**, è il posto che fa per voi. Cavallo di battaglia sono senz'altro i **piattini da dessert con le scritte e le tazze da tè dai colori pastello**, ma non mancano all'appello vassoi d'oro e argento, portavasi in ceramica con la corona e, per chi ha gusti un po' più selvaggi, nel letterale senso della parola, decorazioni da parete a forma di testa di ghepardo.

2 Via Santa Marta 19, 02 36748619 | €€€

LISA CORTI

Che cos'è una bella tavola senza una tovaglia all'altezza? Se anche voi siete di questa idea, andate a visitare l'atelier di Lisa Corti, una creativa con un debole per l'Africa, l'India e le tinte sgarganti. Le sue ispirazioni diventano oggetti grazie al lavoro dei suoi artigiani indiani di fiducia, la cui manualità rende il prodotto finale leggermente imperfetto, ma proprio per questo prezioso. Nel suo emporio troverete anche **sottobicchieri**, **centrotavola**, **sottopiatti**, **tovagliette** e **ceramiche**, per aggiungere ulteriore colore alla vostra tavola.

3 Via Lecco 2, 02 29405589 | €€€

LABORATORIO PARAVICINI

Un laboratorio nascosto in un cortile nel pieno centro di Milano, un **posto magico** in cui vengono **decorati a mano** e stampati con svariate fantasie meravigliosi **servizi di piatti**, **da tè** e **da caffè**. Laboratorio Paravicini è uno dei nostri **negozi preferiti nelle Cinque Vie** e se passate di qui, vedrete le **artiste** impegnate a dipingere a mano tutti gli oggetti.

4 Via Nerino 8, 02 72021006 | €€€

DESIGN REPUBLIC

Indirizzo imperdibile **per gli amanti del design scandinavo** (ma non manca neppure il made in Italy), Design Republic ha due sedi: una più piccola in zona Ticinese e una seconda – ben più estesa con i suoi 500 metri quadrati occupati da negozio e show-room e i 300 metri quadrati adibiti a uffici, eventi e presentazioni – in piazza del Tricolore. Se siete dei *nordic lovers*, è questo il posto che fa per voi!

5 Corso di Porta Ticinese 3, 02 8376473; piazza del Tricolore 2, 02 36769460 | €€

MORONI GOMMA

Istituzione milanese (nel 2019 il marchio ha compiuto il suo centenario), Moroni Gomma, con **due spazi in corso Garibaldi**, è **il paradiso degli amanti di oggettistica di design**. Per chi vuole stupire con un regalo utile e divertente o aggiungere un pizzico di originalità all'arredo domestico, la scelta è veramente ampia, grazie a un catalogo in continuo aggiornamento.

6 Corso Garibaldi 123, 02 796220; corso Garibaldi 2, 02 89095375 | €€

CARGO

Funzionalità, estetica, prezzo accessibile: sono questi i principi secondo i quali vengono selezionati i prodotti che potrete trovare da Cargo. La proposta spazia dalle idee-regalo alle piante, dall'oggettistica all'arredamento. La sede più fornita è senza dubbio quella più periferica (in zona Crescenzago), ma è facile perdersi anche nel labirintico **High Tech**, il fratello più anziano in zona corso Como.

7 Via Privata Antonio Meucci 43, 02 27221301; piazza XXV Aprile 12, 02 6241101 | €€

ROSSANA ORLANDI

Dopo anni passati a lavorare nel mondo della moda, nel 2002 Rossana Orlandi ha deciso di dedicarsi alla sua passione, il design. La galleria che porta il suo nome propone una sofisticata e innovativa **selezione di oggetti e arredi**, frutto di una curiosa e approfondita ricerca in ambito nazionale e internazionale. L'incantevole sede - in cui galleria e uffici si fondono in assenza di confini netti - è dotata anche di un bellissimo e fiorito cortile interno.

8 Via Matteo Bandello 14, 02 4674471 | €€€

BDDW

Questo spazio nel cuore delle Cinque Vie, zona della città in cui resistono piccoli atelier e storici laboratori artigianali, è **la sede milanese dell'omonimo showroom fondato da Tyler Hays a New York**. Qui potrete trovare sia mobili e oggetti di arredo di pregiata manifattura concepiti da Hays stesso e costruiti nel suo studio di Philadelphia da un abilissimo team di artigiani, sia una selezione di pezzi di altri **designer esclusivamente americani**.

9 Via Santa Marta 19/A, 02 22229467 | €€€

VICOLO VIA MAMELI

I due ragazzi fondatori di questo delizioso **negozio** provengono da due parti del mondo diverse, ma con caratteristiche comuni: piccoli borghi immersi in contesti selvaggi e naturali. Dopo soli due anni dal loro primo incontro, hanno deciso di lanciare questo **piccolo concept store** con l'intento di spronare i loro clienti a circondarsi di meno oggetti, ma più speciali, artigianali e di qualità.

10 Via Goffredo Mameli 46, 347 6989307 | €€

CASE MUSEO

VIA CENISIO
VIALE TEODORICO
CORSO SEMPIONE
VIA CRISPI
CORSO BUENOS AIRES
VIALE ABRUZZI
VIALE TUNISIA
PARCO SEMPIONE
GIARDINI INDRO MONTANELLI
VIA BUONARROTI
VIA SENATO
CORSO VERCELLI
CORSO MAGENTA
VIA SARDEGNA
PIAZZA DUOMO
VIALE MISURATA
VIALE PAPINIANO
VIA DE AMICIS
CORSO GENOVA
VIA SANTA SOFIA
DEDIC. ANNO MDCCCXV
PARCO SOLARI
VIALE BEATRICE D'ESTE
NAVIGLIO GRANDE
NAVIGLIO PAVESE
VIALE TIBALDI
1
2
3
4
5
6
7
8
9
10

CASA MUSEO BOSCHI DI STEFANO

All'interno di una palazzina degli anni Trenta in zona Lima si trova il **meraviglioso appartamento** che abitarono i coniugi Antonio Boschi e Marieda Di Stefano. Dal 2003 la dimora è stata aperta al pubblico, che può visitarla gratuitamente per ammirare arredi d'epoca, ceramiche realizzate dalla stessa Marieda e una **collezione di più di 200 opere** dal primo decennio del Novecento fino alla fine degli anni Sessanta. Boccioni, Carrà, Sironi, Morandi sono solo alcuni dei grandi nomi su cui la coppia decise di investire.

1 Via Giorgio Jan 15, 02 88463614 | Ingresso libero. Visite guidate su prenotazione

MUSEO POLDI PEZZOLI

Uno splendido palazzo ospita le preziose collezioni di Gian Giacomo Poldi Pezzoli, dalle **armi antiche** ai **dipinti del Rinascimento lombardo, veneto e toscano**, fra i quali prestigiosi quadri di **Pollaiolo**, **Botticelli**, **Mantegna**, **Hayez.** Anche gli ambienti realizzati dai famosi artisti-decoratori Giovanni Bertini e Luigi Scrosati sono veri e propri capolavori: lo scalone e la camera da letto in stile barocco, l'anticamera in stile *rocaille* francese e la Sala Nera in stile rinascimentale vi lasceranno a bocca aperta.

2 Via Alessandro Manzoni 12, 02 794889

MUSEO BAGATTI VALSECCHI

Un palazzo nel pieno centro dell'odierno Quadrilatero della moda ospita le collezioni dei baroni Fausto e Giuseppe Bagatti Valsecchi composte da **dipinti** e **manufatti d'arte applicata quattro-cinquecenteschi**. L'impressione è quella di entrare in una **tipica casa lombarda del Cinquecento**, ma subito ci si rende conto dell'incredibile modernità che si nasconde dietro questo stile d'altri tempi: il desiderio dei baroni, vissuti alla fine dell'Ottocento, fu infatti anche quello di concentrare nella dimora i comfort più avveniristici dell'epoca, come **riscaldamento, acqua corrente** e **luce elettrica.**

3 Via Gesù 5, 02 76006132

VILLA NECCHI CAMPIGLIO

Esponenti di una borghesia industriale colta e avanguardista**,** le sorelle Nedda e Gigina Necchi e il marito della seconda, Angelo Campiglio, nei primi anni Trenta del Novecento incaricarono **Piero Portaluppi** della progettazione della loro villa. L'edificio – circondato da uno **splendido giardino** e impreziosito da opere d'arte e arredi déco – è stato affidato al FAI nel 2001 dalle sorelle stesse, e spesso viene utilizzato anche per eventi pubblici e privati.

4 Via Mozart 14, 02 76340121

FONDAZIONE ACHILLE CASTIGLIONI

Dal 1962 al 2002 Achille Castiglioni lavorò nello studio di piazza Castello 27 che ancora oggi restituisce la sensazione di un **luogo carico di energia**. Lo studio è infatti diventato museo senza perdere la sua essenza, e **qui tutto (o quasi) può essere toccato e osservato da vicino**. Visitare questo museo permette di conoscere il lavoro dell'architetto e designer in modo privilegiato, respirando l'atmosfera del luogo in cui tanti dei suoi progetti hanno preso forma.

5 Piazza Castello 27, 02 8053606 | Si effettuano solo visite guidate su prenotazione

CASA DEGLI ATELLANI E VIGNA DI LEONARDO

Un luogo incantevole, assolutamente da non perdere: Casa degli Atellani è una **dimora storica**, conservatasi nell'aspetto esattamente come si presentava durante il Rinascimento. A rendere questo luogo unico è anche il magnifico giardino della casa, dove si può ancora ammirare la **vigna** che fu donata da Ludovico il Moro a Leonardo da Vinci nel 1498. Il percorso museale è scandito in sette tappe che permettono di ripercorrere la lunga storia della dimora, che ha visto tra i suoi abitanti il grande architetto Pietro Portaluppi.

6 Corso Magenta 65, 02 4816150

CASA DI RIPOSO PER MUSICISTI FONDAZIONE GIUSEPPE VERDI

Verdi definì 'L'opera mia più bella' la casa di riposo che commissionò all'architetto Camillo Boito e che venne realizzata tra il 1896 e il 1899. **I primi musicisti cominciarono ad abitarla il 10 ottobre 1902** e da allora migliaia di addetti all'arte musicale sopra i 65 anni di età sono stati ospiti di questo **luogo magnifico, accogliente e sontuoso**. Nella magnifica **cripta**, adorna di marmi e mosaici, riposano il compositore e la moglie Giuseppina Strepponi.

7 Piazza Michelangelo Buonarroti 29, 02 4996009

CASA DEL MANZONI

La splendida dimora di via Morone 1 fu solo una delle molte case che Alessandro Manzoni abitò, ma sicuramente una delle più amate. Già nel 1965 fu trasformata in museo ma nel 2015 il percorso museale si è notevolmente ampliato e rinnovato: attraversando arredi originali e opere d'arte **imparerete a conoscere il grande romanziere approfondendo diversi ambiti e temi**, dai più famosi (come la fortuna dei *Promessi sposi*) ai meno noti (come la sua passione per la botanica).

8 Via Gerolamo Morone 1, 02 86460403

MUSEO MANGINI BONOMI

L'elegante palazzo del Quattrocento acquistato dall'imprenditore immobiliare Emilio Mangini nel 1978 ospita vaste collezioni di **armeria, bauletti, carte da gioco, tarocchi, bastoni da passeggio 'con sorpresa'** e altri oggetti d'uso quotidiano di ogni genere. A rendere unico questo museo è proprio l'esposizione di **oggetti comuni**, raccolti in giro per l'Europa con instancabile curiosità e fascinazione per il vissuto pubblico e privato degli uomini del passato.

9 Via dell'Ambrosiana 20, 02 86451455

MUSEO STUDIO FRANCESCO MESSINA

Le chiese sconsacrate hanno sempre un loro fascino e anche San Sisto, al Carrobbio, non fa eccezione. Qui il celebre scultore Francesco Messina stabilì la sua dimora e il suo studio continuando sia a lavorare alle sue creazioni sia a insegnare agli allievi. Oggi, nel museo che prende il suo nome, sono custodite **80 sculture** in diversi materiali (bronzo, terracotta policroma, gesso, marmo e cera) raffiguranti cavalli, flessuose ballerine, nudi femminili, noti personaggi del XX secolo e 26 opere su carta.

10 Via San Sisto 4/A, 02 86453005

LUOGHI D'ARTE

LABIRINTO ARNALDO POMODORO

Negli **spazi sotterranei** dell'ex edificio Riva Calzoni (ora *headquarter* di Fendi) troverete questa **installazione ambientale** di circa 170 metri quadrati realizzata da Arnaldo Pomodoro utilizzando bronzo, rame e fiberglass patinato. Un'opera davvero unica nel suo genere, un **percorso fisico e spirituale** nella mente dell'artista in un'atmosfera ovattata e quasi onirica. Il Labirinto è visitabile solo tramite visita guidata; potrete acquistare il biglietto direttamente sul sito della Fondazione Arnaldo Pomodoro

1 Via Andrea Solari 35

CHIESA DI SAN MAURIZIO AL MONASTERO MAGGIORE

Guardandola dall'esterno non ci si potrebbe mai immaginare quali meraviglie nasconda l'anonima facciata di questa chiesa! Una volta entrati, sarete sopraffatti dai circa **4.000 metri di affreschi del Cinquecento** che decorano le sue superfici fino alla volta: non a caso, da molti viene definita 'la Cappella Sistina ambrosiana'. Ma la chiesa di San Maurizio nasconde un altro gioiello, poiché è un **raro esempio di chiesa con doppia aula**, una pubblica, destinata al culto dei fedeli, e l'altra privata, riservata alle monache di clausura. **Imperdibile!**

2 Corso Magenta 15

CHIESA DI SANTA MARIA PRESSO SAN SATIRO

Tra i tanti negozi presenti in via Torino è nascosta questa chiesa, che contiene delle **opere** davvero **stupende**, in particolare il **'finto coro'** realizzato da **Bramante**: si tratta di un'illusione prospettica che simula una profondità inesistente e così facendo riesce a mascherare la mancanza di spazio che non aveva permesso di sviluppare un'abside più grande. Un lavoro così mirabile che ve ne renderete conto soltanto avvicinandovi!

3 Via Torino 17-19

SANTUARIO DI SAN BERNARDINO ALLE OSSA

Se siete facilmente impressionabili, forse questo non è il luogo più adatto a voi, eppure è **uno dei più curiosi e suggestivi della città**, nonostante l'atmosfera un po' macabra. Dopo aver percorso uno stretto corridoio, vi ritroverete nella **cappella dell'ossario** con le sue **pareti interamente ricoperte di teschi e ossa**, ordinatamente disposti in nicchie. Difficile affermare con certezza a chi appartengano: è probabile che provengano dal cimitero dell'ospedale del Brolo (soppresso nel 1652).

4 Piazza Santo Stefano

CASA DEGLI OMENONI

Questa casa deve il suo nome agli **8 maestosi telamoni** che si trovano sulla facciata e **pare raffigurino dei barbari sconfitti**: in **dialetto milanese**, infatti, *omenone* significa 'grande uomo'. La casa fu costruita dallo scultore Leone Leoni nel 1565 ed è qui che negli anni raccolse una **mirabolante collezione d'arte.** Gli interni purtroppo non sono visitabili, perché dal 1929 questo edificio è la sede del Clubino, uno dei club privati più esclusivi di Milano.

5 Via degli Omenoni 3

CIMITERO MONUMENTALE

Il Cimitero Monumentale è un vero e proprio **museo all'aperto**. Ad accogliervi troverete il grandioso **Famedio** (dal latino *famae aedes*, 'tempio della fama'), con cripta annessa, che ospita le tombe di Ugo Foscolo, Alessandro Manzoni, Eugenio Montale, Salvatore Quasimodo e molti altri. Superato il Famedio, inizia il vero cimitero, dove troverete disseminate tra i viali **tombe che sono opere d'arte**. Seguite la mappa fornita all'ingresso per non rischiare di perdervene nemmeno una!

6 Piazzale Cimitero Monumentale

PALAZZI LIBERTY

La zona tra Porta Venezia e Palestro è il cuore del Liberty milanese: vi consigliamo di fare una passeggiata cominciando da Palazzo Castiglioni e dalla meravigliosa Casa Galimberti, con le sue facciate ricoperte di decorazioni a mosaico. A pochi metri di distanza **soffermatevi davanti a Casa Guazzoni, all'ex Cinema Dumont e all'Hotel Diana Majestic**. Dopo essere passati da Casa Tensi e Casa Campanini, concludete con Casa Berri-Meregalli, dove potrete riconoscere fortissime influenze neogotiche e neoromaniche.

PIAZZA TOMMASEO

A due passi dalla fermata della metropolitana rossa di Conciliazione, dopo aver sbirciato nei bellissimi androni delle vie circostanti, arrivate fino a piazza Tommaseo, una delle nostre piazze preferite di tutta Milano, specie in **primavera**. Qui troverete una bella chiesa, case meravigliose e soprattutto, con l'arrivo della bella stagione, attorno alla metà di marzo, **una incredibile fioritura di magnolie** che, siamo sicuri, vi lascerà a bocca aperta e colorerà di rosa il vostro feed di Instagram!

7 Piazza Niccolò Tommaseo

CHIESA DI SAN SEPOLCRO

Le origini di questa chiesa situata nella piazza omonima risalgono addirittura al **1030**. La sua parte più preziosa è indubbiamente la **cripta**, che contiene alcuni dei **reperti più antichi della storia della città**, come le lastre marmoree della pavimentazione provenienti dall'antico foro romano del IV secolo o la statua di bronzo raffigurante una palma, fatta realizzare da Federico Borromeo. Dal 1928 la chiesa fa parte della **Biblioteca Ambrosiana** e con un unico biglietto potrete visitarle entrambe.

8 Piazza San Sepolcro

CRIPTA DI SAN GIOVANNI IN CONCA

Forse vi sarà capitato di passare in **piazza Missori** e chiedervi che cosa fossero quelle rovine che si scorgono nello spartitraffico tra via Albricci e via Mazzini: sono ciò che rimane dell'**antichissima basilica di San Giovanni in Conca**, demolita per ragioni di viabilità nel 1949. Ma la vera sorpresa si trova sotto la piazza; infatti, mentre in superficie è rimasta solo una parte dell'abside, **sottoterra si è conservata perfettamente intatta la cripta**, al cui interno sono conservate alcune notevoli testimonianze archeologiche.

9 Piazza Giuseppe Missori 22

3 CHIOSTRI DA VISITARE

I chiostri a Milano sono **una delle meraviglie più sottostimate e meno visitate, eppure l'atmosfera che si respira in queste piccole gemme segrete non la troverete facilmente altrove**. Qui vi sveliamo alcuni tra i nostri preferiti!

CHIOSTRO DELLE RANE

All'interno del complesso della chiesa di **Santa Maria delle Grazie** del **Bramante**, questa meraviglia prende il nome dalla fontana circolare ornata da quattro statue in bronzo raffiguranti delle rane che sputano acqua. L'atmosfera è surreale, non c'è quasi mai nessuno ed è **uno dei nostri angoli preferiti di Milano**.

10 Piazza Santa Maria delle Grazie 2

ROTONDA DELLA BESANA

Nonostante sia un ex cimitero, oggi la Rotonda della Besana è tutt'altro che un luogo macabro. A due passi dal centro, è **un'oasi verde e magica** che al proprio interno ospita un **museo** (il Muba, museo dei bambini) e un locale in cui fare un aperitivo all'aria aperta. Non è forse un vero e proprio chiostro, quanto più un porticato, ma il concetto è il medesimo: **arte e bellezza si fondono in questo luogo unico**.

11 Viale Regina Margherita

UNIVERSITÀ DEGLI STUDI

Per chi non ci ha trascorso gli anni dell'università, i chiostri della 'Statale', nell'**edificio rinascimentale della Ca' Granda**, già sede dell'Ospedale Maggiore di Milano, si animano soprattutto durante il Fuorisalone, ma una visita vale a prescindere. E, per non fare un torto a nessuno, vi segnaliamo pure i chiostri dell'**Università Cattolica**, anch'essi degni di nota.

12 Via Festa del Perdono 7

COWORKING

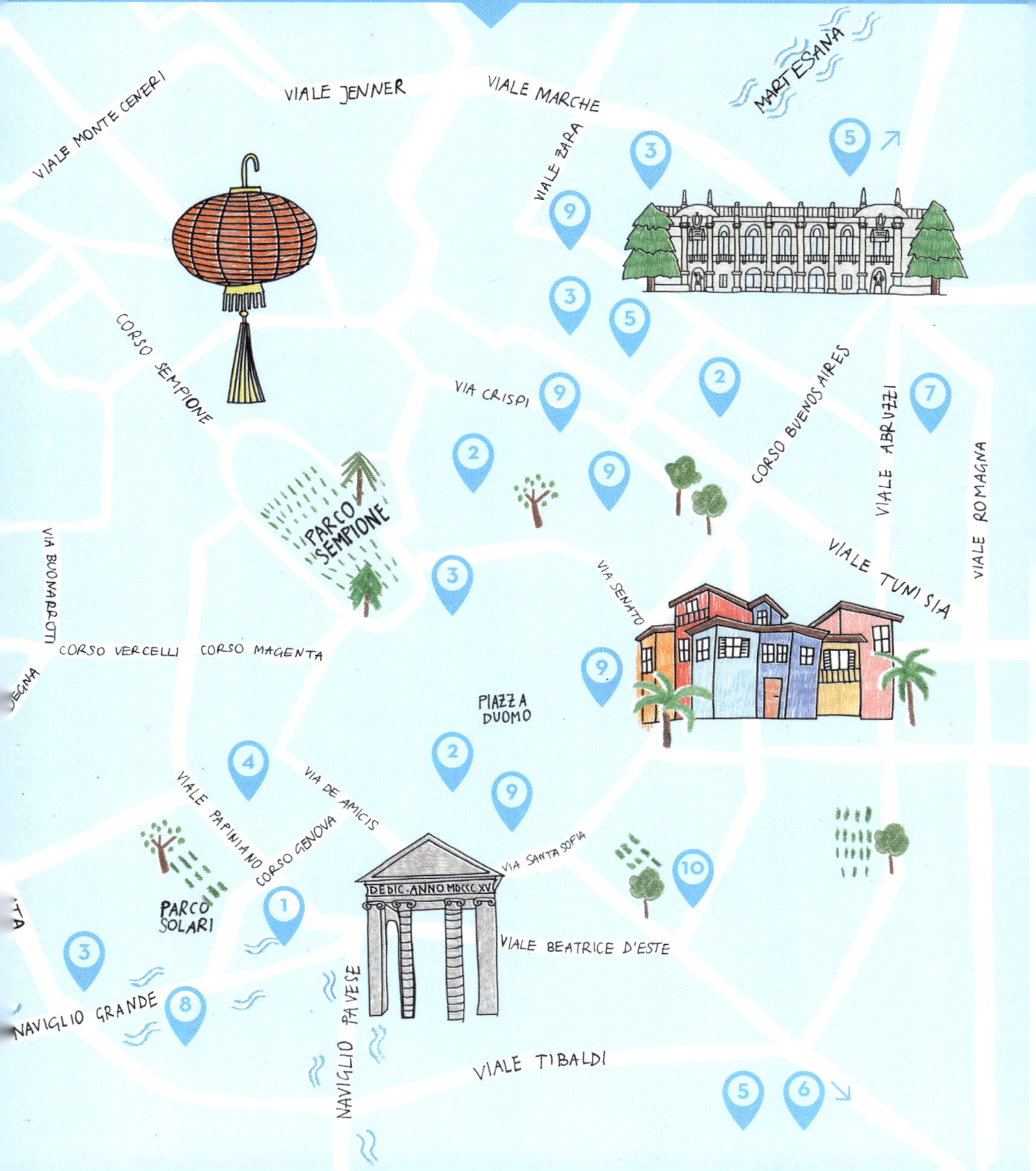
VIALE JENNER
VIALE MARCHE
MARTESANA
VIALE MONTE CENERI
VIALE ZARA
CORSO SEMPIONE
VIA CRISPI
CORSO BUENOS AIRES
VIALE ABRUZZI
VIALE ROMAGNA
PARCO SEMPIONE
VIA BUONARROTI
VIALE TUNISIA
VIA SENATO
CORSO VERCELLI
CORSO MAGENTA
PIAZZA DUOMO
VIALE PAPINIANO
VIA DE AMICIS
CORSO GENOVA
VIA SANTA SOFIA
DEDIC·ANNO MDCCCXV
PARCO SOLARI
VIALE BEATRICE D'ESTE
NAVIGLIO GRANDE
NAVIGLIO PAVESE
VIALE TIBALDI
1
2
3
4
5
6
7
8
9
10

TENOHA

Tenoha è uno dei nostri posti del cuore in città. Questo **concept store giapponese** in via Vigevano, a due passi dai **Navigli** e **Porta Genova**, ospita anche una zona coworking e dei veri e propri uffici condivisi. Per usufruire di questi servizi potete optare per una membership mensile e godere di wifi veloce, libri e magazine, stampanti e utility varie. Se vi venisse un languorino, vi consigliamo il bar e ristorante attiguo, per una pausa pranzo gustosa e orientaleggiante.

1 Via Vigevano 18, 02 80889147

WEWORK

Dopo capitali come **New York, Londra, Tokyo e Parigi**, questa catena dedicata al coworking è sbarcata in forze anche a Milano, con quattro aperture già messe a segno – a Brera, in zona Turati, in zona Stazione Centrale e in Duomo – e, stando al sito, un'altra in previsione a Cordusio. WeWork offre ai professionisti diversi pacchetti, che vanno dagli uffici privati di varie dimensioni a desk fissi o mobili fino ad abbonamenti on-demand, e mette a disposizione anche varie occasioni per fare network, tra cui workshop e tavole rotonde, così da creare 'connessioni' tra i propri frequentatori. Perché scegliere un ufficio 'normale' quando si può avere tutto questo?

2 Quattro sedi a Milano

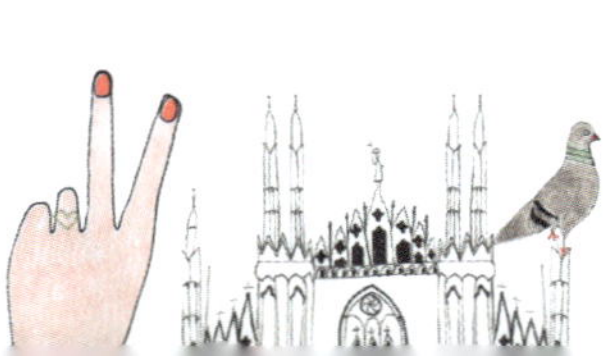

COPERNICO

A pochi passi dalla **Stazione Centrale** (ma anche a **Brera**, **Isola** e **Tortona**) ha casa **Copernico**. Questo hub si sviluppa su 15mila metri quadrati, che ospitano uffici, lounge, caffè e addirittura un parco e una palestra. Tanti i **servizi aggiuntivi** rispetto ad altri posti di questo genere, come la segreteria, l'assistenza Ict e la gestione della corrispondenza. Molto ampia anche la varietà degli spazi di lavoro disponibili (dal desk fisso a quello mobile) e delle modalità di ingresso (full time, carnet o ingresso giornaliero).

3 Quattro sedi a Milano, 02 872528

COFFICE

Spesso si dice che il tempo non ha prezzo, ma la formula di Coffice, **bar con coworking in Sant'Ambrogio**, ribalta questo concetto. Qui pagherete il tempo di permanenza (5 euro la prima ora e 2 ogni mezz'ora successiva) e avrete inclusi servizi come wifi veloce, stampanti e un buffet dolce e salato con caffè incluso.

4 Via Olona 11, 02 91573021

TALENT GARDEN

Che sia nella sede di **Isola** o **corso Lodi**, Talent Garden è una vera e propria **istituzione per il coworking a Milano**, grazie ad ampi spazi dotati di postazioni di lavoro, uffici, sale riunioni, laboratori, locali per eventi, caffetterie e molto altro ancora. Per accedervi **serve sottoscrivere una membership** che, a seconda delle diverse opzioni, offre servizi differenti, da quelli più 'snelli' della 'Flex' a quelli decisamente più professionali della 'Corporate'.

5 Via Arcivescovo Calabiana 6; piazza Città di Lombardia 1, 02 82942387

LASCIA LA SCIA

In zona **Porto di Mare**, Lascia La Scia è uno **spazio eventi** e di **coworking** all'interno di un ex complesso industriale ristrutturato e gestito da cinque ragazze, tutte architette. In questi meravigliosi locali dove loro stesse lavorano ogni giorno, potrete svolgere la vostra attività godendo di uno spazio luminoso e funzionale, dotato di tutti i servizi necessari. E se alla fine della giornata di lavoro vorrete trattenervi, troverete tanti **workshop** tra cui scegliere!

6 Via Carlo Boncompagni 57, 02 49531287

21WOL

Questo **hotel/residenza** con **bistrot** e **coworking in Città Studi** è studiato per accogliere freelance e start-up. Offre la flessibilità di un ufficio con desk, soluzioni floating a consumo o abbonamento, uffici chiusi e sale riunioni. Il plus? 21Wol associa a questa nuova modalità di lavoro flessibile tutti i servizi e le attenzioni di un hotel, oltre ad avere a disposizione un bistrot per una pausa gustosa.

7 Via Enrico Nöe 24, 02 56568715

COMBO

Affacciato sul **Naviglio Grande**, questo bellissimo **ostello con bar e ristorante** offre anche la possibilità di lavorare. Sia negli spazi interni arredati con gusto, sia nell'incantevole cortile esterno, perfetto per le giornate estive, troverete un'**atmosfera sicuramente più rilassata** e meno 'professionale' rispetto ad altri spazi di coworking, ma comunque una buona alternativa alla scomodità del tavolo della cucina di casa.

8 Ripa di Porta Ticinese 83, 02 36680930

Dimmi con chi mangi
Easy e all'aperto
Di cosa hai voglia
Vorrei fosse domenica
Bere bene
Shopping & Lifestyle

SPACES

Spaces è un'insegna con molte sedi nel mondo, compresa Milano. Che sia in **Turati** o a **San Babila**, all'**Isola**, a **Porta Nuova** o in **Vetra**, potrete scegliere tra una gamma di servizi che comprende zone di **coworking**, **desk dedicati**, **uffici arredati** o **sale riunioni**. Inoltre, i membri della community hanno accesso a sconti e promozioni su palestre, hotel, corsi di danza e tantissime altre attività. Se ancora non vi abbiamo convinto, Spaces vi dà la possibilità di accedere gratuitamente a una delle sue sedi per un giorno.

9 Cinque sedi a Milano, 02 8904 1000

REGUS

Il claim di **Regus**, coworking con **svariate sedi sparse per tutta Milano**, è 'puoi lavorare per un'ora, un giorno, una settimana, un mese o degli anni'. Grazie al suo network davvero nutrito di spazi in città, l'idea è quella di offrire uffici in condivisione con **opzioni super flessibili**, che prevedono di diventare membri di una sede nello specifico, ma di **poter usufruire di tutte le altre** (sono 3mila in tutto il mondo!) gratuitamente.

10 Varie sedi a Milano, 02 87369764

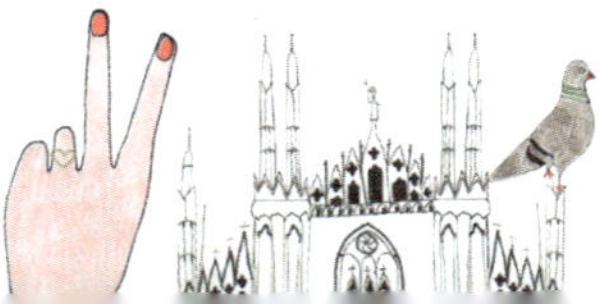

LIBRERIE

VIA CENISIO
VIALE TEODORICO
VIA CRISPI
PARCO SEMPIONE
GIARDINI INDRO MONTANELLI
VIALE MURILLO
VIA BUONARROTI
VIA SENATO
CORSO VERCELLI
CORSO MAGENTA
PIAZZA DUOMO
VIA DE AMICIS
VIALE PAPINIANO
CORSO GENOVA
VIA SANTA SOFIA
VIALE MISURATA
LORENTEGGIO
PARCO SOLARI
DEDIC. ANNO MDCCCXV
VIALE BEATRICE D'ESTE
NAVIGLIO GRANDE
NAVIGLIO PAVESE
VIALE TIBALDI
1
2
3
4
5
6
7
8
9
10

IL TRITTICO

Tra le nostre librerie preferite c'è sicuramente Il Trittico, alla fine di via San Vittore, nato una quarantina di anni fa per fornire i primi testi di psicologia a Milano. Nel tempo è diventato una libreria generalista, ma non ha mai perso la sua atmosfera 'di quartiere' con la clientela affezionata e il libraio dietro il bancone sempre pronto a dare un consiglio col sorriso e senza fretta: **un'oasi di pace in pieno centro città!**

1 Via San Vittore 3, 02 435798

LIBRERIA DEL MONDO OFFESO

In piazza San Simpliciano si trova la Libreria del Mondo Offeso, il cui nome nasce dal libro *Conversazione in Sicilia* di Elio Vittorini: un viaggio alla scoperta di un mondo offeso, che obbliga a prese di responsabilità. A parte le disquisizioni filosofiche, l'unica certezza è che da questa **libreria specializzata in narrativa italiana del Novecento** non si vorrebbe più uscire, anche grazie al favoloso **bistrot** che propone gustosi piatti con ingredienti a chilometro zero.

2 Piazza San Simpliciano 7, 02 36520797

LIBRERIA RIZZOLI

Il restyling degli ultimi anni ha regalato ancora più fascino a questa **storica libreria con un affaccio da urlo sull'Ottagono della Galleria Vittorio Emanuele**. L'offerta di oltre 40mila titoli potrebbe disorientarvi, ma per fortuna i numerosi monitor interattivi tra gli scaffali vi aiuteranno a trovare quella biografia del Portaluppi che stavate tanto cercando. Imperdibile anche l'edicola internazionale, tra le più fornite della città.

3 Galleria Vittorio Emanuele II 11-12, 02 86461071

LIBRERIA INTERNAZIONALE ULRICO HOEPLI

Cinque piani e un'offerta pressoché illimitata fanno della libreria Hoepli, nell'omonima via a due passi dal Duomo, una delle più grandi e fornite d'Italia. Oltre a contare su di un personale preparato ed efficiente, la Hoepli è un **punto di riferimento anche per tutti i lettori più specializzati**, grazie ai suoi numerosi titoli di diritto, economia, informatica e in lingua.

4 Via Ulrico Hoepli 5, 02 864871

LIBROSTERIA

Un posto magico **a due passi dall'Arco della Pace** che fa del rapporto tra libri e cibo il suo credo. **Il locale è spazioso ed è popolato da libri usati di ogni sorta,** per un totale di circa 4mila opere. Ai libri si affianca una **proposta culinaria semplice ma ben fornita** con panini farciti e una selezione di birre artigianali. L'atmosfera è vivace e adatta a ogni tipo di uscita, da quella in famiglia, a un appuntamento romantico fino a una serata con gli amici.

5 Via Cesare Cesariano 7, 02 23187432

GOGOL & COMPANY

In zona **Tortona, libri, aperitivi, musica e arte** trovano casa qui, in uno spazio luminoso e multifunzionale, in cui una grande attenzione è riservata alle case editrici più piccole e agli **scrittori emergenti**. C'è anche un bistrot per accompagnare la lettura con una bella **fetta di pane burro e marmellata!**

6 Via Savona 101, 02 45470449

LE LIBRAGIONI

A **Lambrate** si nasconde **un luogo delizioso in cui potersi rifugiare fra i libri, degustando un buon vinello e stuzzicando uno spuntino**. In questa piccola eno-libreria dall'atmosfera rilassata, oltre a libri nuovi e usati, si possono acquistare bottiglie di vino, oggetti d'arte, quadri, grafiche, riviste e vinili, e spesso vengono organizzati eventi culturali e concerti.

7 Via Giuseppe Bardelli 11, 347 1480045

TEMPO RITROVATO LIBRI

Un posto dove l'amore per la lettura e i libri si respira nell'aria: merito dei librai gentilissimi e molto competenti che popolano i piccoli spazi di questa insegna su **corso Garibaldi**. Il Tempo Ritrovato è una libreria indipendente che, oltre a titoli delle case editrici più note, propone **una straordinaria selezione di pubblicazioni di piccoli editori**. Organizzano spesso anche circoli di lettura e incontri con gli autori.

8 Corso Garibaldi 17, 02 99293575

COLIBRÌ

Proviamo una cocente invidia per gli universitari della Statale di via Festa del Perdono che possono venire qui tutti i giorni, perché Colibrì è **uno dei nostri posti del cuore a Milano**: un caffè letterario in cui assaporare un ottimo pranzo o godersi un aperitivo con una lista cocktail creativa (da gustare d'estate nel cortiletto interno) e, non ultimo, nel quale curiosare **tra una selezione speciale di libri scelti con cura dallo staff**.

9 Via Laghetto 9-11, 349 4016961

VERSO LIBRI

Vicinissima alle **Colonne di San Lorenzo**, Verso affianca titoli di case editrici indipendenti e novità mainstream, dedicando un'ampia sezione ai libri per bambini. Dietro questo progetto c'è un gruppo di amici con una lunga esperienza nella filiera editoriale, che si riflette nella qualità delle proposte e in un **fittissimo calendario di incontri e presentazioni**. All'interno c'è anche un piccolo bar per sorseggiare un caffè o una tisana.

10 Corso di Porta Ticinese 40, 02 8375648

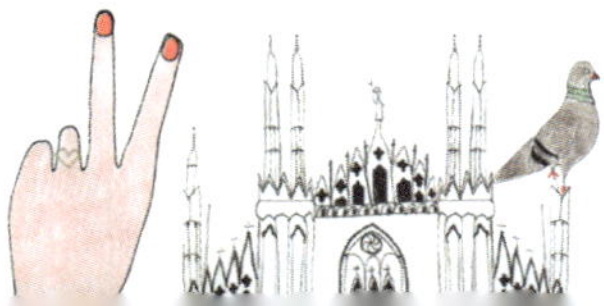

MILANO IN TASCA

URBAN SPORTS CLUB

Fitness, yoga, pilates, ma anche **tennis, calcio, arrampicata, nuoto, sport di squadra** e addirittura sessioni all'aperto con un **personal trainer**. Grazie a questo servizio, con un singolo abbonamento potrete scegliere liberamente sia il tipo di disciplina sportiva sia la palestra o il centro fitness in cui allenarvi. I **4 diversi tipi di sottoscrizione (Small, Medium, Large ed Extra Large)** offrono accesso a un numero crescente di strutture sportive e di ingressi mensili, oltre a una lunga serie di vantaggi aggiuntivi.

urbansportsclub.com/it

NIBOL

Sono sempre di più gli smartworker e, tra questi, moltissimi scelgono di lavorare fuori casa. Nibol è un'app gratuita che permette di scegliere **spazi in cui è possibile lavorare da remoto**: caffetterie e bistrot, principalmente, ma anche spazi privati dotati di connessione wi-fi e di tutti i servizi per lavorare come se foste in ufficio. Geolocalizzatevi, scegliete lo spazio più adatto alle vostre esigenze, decidete l'orario di inizio e di fine della sessione di lavoro e prenotate!

nibol.com

MAMACLEAN

La vostra lavatrice è rotta e siete troppo pigri per andare in lavanderia? Mamaclean non solo **lava e stira i vostri capi a puntino**, ma il ritiro e la riconsegna sono disponibili **7 giorni su 7 fino alle 22.30**. Se qualcosa va storto, è attiva sul sito la chat con gli assistenti personali, e se si ha particolarmente fretta esiste il servizio 'Rush', degno di ogni milanese che si rispetti, che fa riavere i vestiti entro la sera stessa.

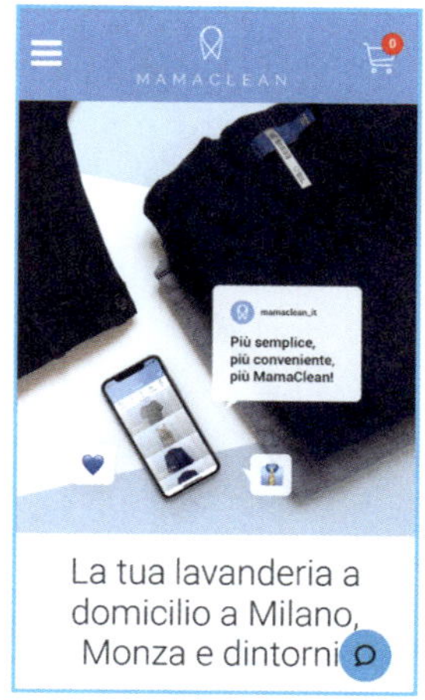

mamaclean.it

SECONDCHEF

Avete poco tempo per andare al supermercato a fare la spesa, però volete cucinare ricette sfiziose, sane e gustose? Andate sul sito, **scegliete il piatto che vi stuzzica di più e gli ingredienti vi arriveranno a casa già dosati entro 24 ore**. Vi basterà seguire la ricetta e in mezz'ora al massimo la vostra deliziosa cena per 2, 4 o 6 persone sarà pronta!

secondchef.it

NANIE

Tra i servizi di food delivery a Milano, Nanie è uno dei **nostri preferiti** perché mette nelle sue proposte **amore e cura per i dettagli**. Il packaging è super carino e la cucina davvero gustosa: le verdure sono tutte stagionali, il pane è biologico con lievito madre e i formaggi sono a latte crudo. Insomma, tutte materie prime di qualità, che danno vita a **ricette semplici, sane e deliziose**.

nanie.com

WINELIVERY

Quante volte Winelivery ha salvato le nostre cene, altrimenti accompagnate da sola acqua! Grazie a questo fantastico servizio, **entro mezz'ora** dal momento dell'ordine si possono ricevere a casa **alcolici**, dal vino alla birra (consegnati già alla giusta temperatura!) fino alle bevande di gradazioni più alte. Si va sul sito e in tre clic si fa partire l'ordine... **che civiltà**!

winelivery.com

FLOB

Se cercate un **e-commerce a tutto green** per regalare (o regalarvi!) **una bella pianta**, il sito da visitare è quello di Flob, su cui troverete bonsai, piante grasse, carnivore e fiorite, sia da interno sia da esterno. Allenate il vostro pollice verde e alla fine, non abbiamo dubbi, trasformerete la vostra casa in una piccola giungla!

flobflower.com

MADAME MIRANDA

A casa, in ufficio, in hotel, prima di un appuntamento: ovunque voi siate, tutti i giorni dalle 7 alle 22, **Madame Miranda è pronta per offrirvi una sessione di trucco&parrucco a domicilio**. Ma non solo, grazie a questo servizio potrete prenotare direttamente a casa vostra diversi altri trattamenti, tra cui manicure, pedicure, massaggi e cerette.

madamemiranda.com

TOO GOOD TO GO

TGTG **è una delle app più utili e intelligenti che potete scaricare sul vostro telefono**. Esplorate la mappa per cercare quale luogo vicino a voi (tra bar, ristoranti, panetterie, pasticcerie) mette in vendita a pochissimi euro una **'Magic Box' contenente cibo ancora buonissimo**, ma che verrebbe buttato via alla fine della giornata. Non saprete che cosa c'è all'interno finché non la andrete a ritirare, ma per pochi euro avrete la cena assicurata (e magari anche la colazione e il pranzo), scoprirete tanti posti nuovi e soprattutto farete la vostra parte contro lo spreco alimentare.

toogoodtogo.it

CORTILIA

Pesce e carne freschissimi, **frutta e verdure** magiche (cocomero barattiere e tenerumi su tutti), ma anche **piatti pronti e cose per la casa**: se ci seguite sui social saprete che alcuni prodotti ricorrono spessissimo nelle nostre spese e Cortilia ne è il nostro fornitore speciale. Il servizio è semplicissimo: potete fare una spesa 'classica', oppure scegliere l'abbonamento che fa per voi. Così facendo, periodicamente vi verrà consegnata direttamente a casa una **cassetta ricca di prodotti freschissimi** in arrivo da produttori sostenibili.

cortilia.it

BEAUTY

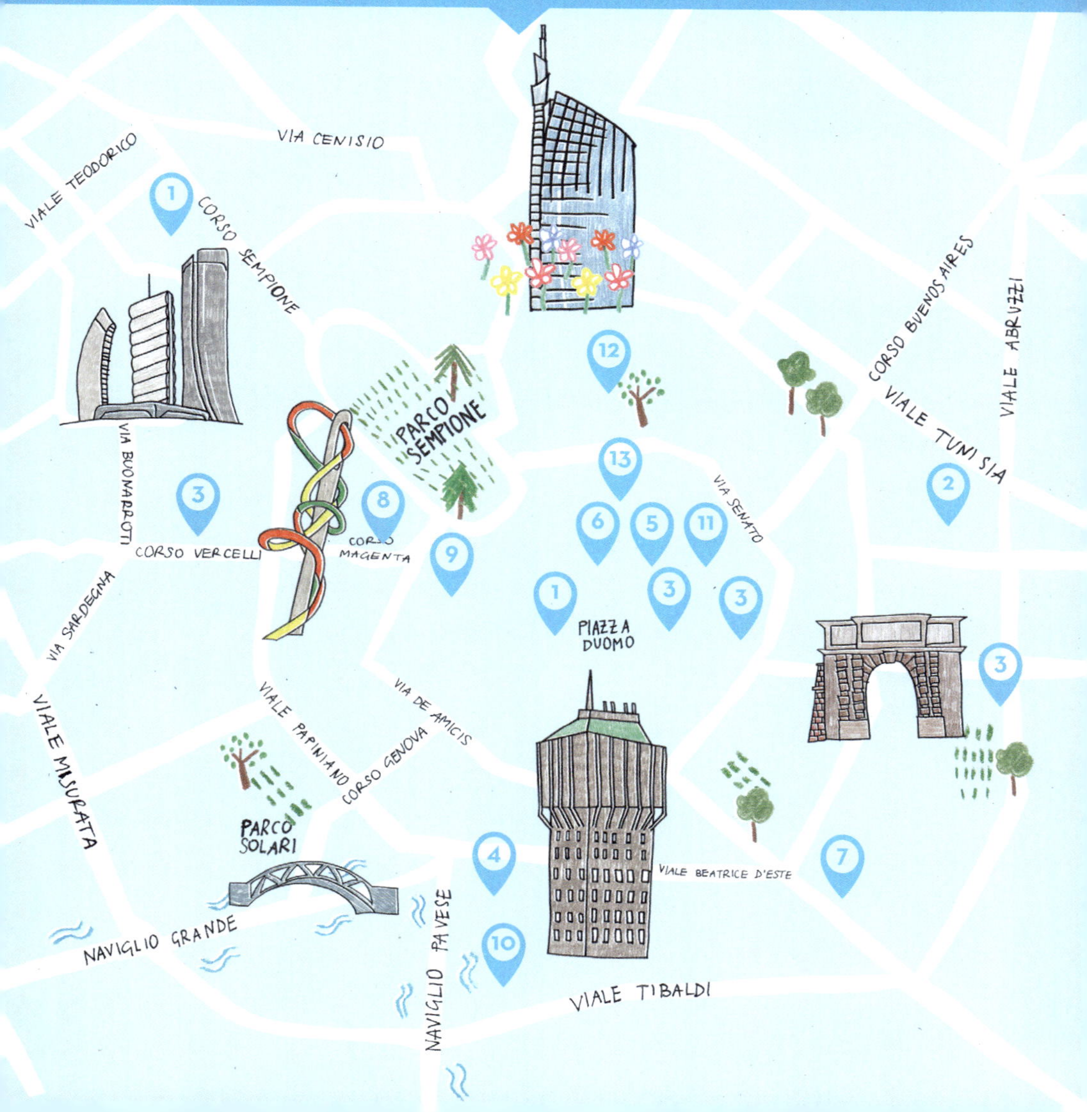

VIA CENISIO
VIALE TEODORICO
CORSO SEMPIONE
CORSO BUENOS AIRES
VIALE ABRUZZI
VIALE TUNISIA
PARCO SEMPIONE
VIA BUONARROTI
CORSO VERCELLI
CORSO MAGENTA
VIA SENATO
VIA SARDEGNA
PIAZZA DUOMO
VIALE MISURATA
VIALE PAPINIANO
VIA DE AMICIS
CORSO GENOVA
PARCO SOLARI
VIALE BEATRICE D'ESTE
NAVIGLIO GRANDE
NAVIGLIO PAVESE
VIALE TIBALDI
1
12
13
2
3
8
6
5
11
9
1
3
3
3
4
7
10

SALON DE BEAUTÉ

Indirizzo **imperdibile per chi abbia voglia di regalarsi una giornata di coccole speciali**. Salon de Beauté, a Milano, ha sede in due punti, in Duomo e in Citylife: qui avrete l'imbarazzo della scelta, spaziando dai trattamenti estetici più classici (mani, piedi e corpo), ai più nuovi, come la criosauna (disponibile solo in Citylife). **Vi consigliamo di sbirciare il loro sito**, su cui potrete acquistare dei kit per rifare alcuni dei loro trattamenti anche a casa.

1 Via Victor Hugo 4, 02 86465318; viale Severino Boezio 20, 02 36564575 | €€

PROFUMERIA OGGIONI

Profumeria storica in **zona Porta Venezia**, vanta una selezione di prodotti di qualità sia per la cura personale, sia per la casa. Se come noi non sapete mai che cosa scegliere, potete affidarvi al consiglio esperto delle due padrone di casa, davvero gentili, che sapranno guidarvi nella scelta dei prodotti più adatti a voi. **Se cercate un profumo originale e meno conosciuto rispetto ai brand più commerciali**, qui avrete davvero l'imbarazzo della scelta.

2 Viale Regina Giovanna 36, 02 2049429 | €€

PROFUMERIA MAZZOLARI

Da anni Mazzolari è un avamposto per la profumeria e per il beauty milanese con diversi negozi sparsi per la città. Alcuni di essi offrono anche il centro estetico, e nella sede più conosciuta e fornita, quella di San Babila, potrete trovare moltissimi prodotti sia per la **cura personale** sia per la **cura della casa**. Menzione importante va fatta anche per **la selezione di prodotti di haircare e barberia** dedicati alle quote azzurre.

3 Quattro sedi a Milano | €€€

BAHAMA MAMA

Si definisce un 'beauty concept store', e per noi rappresenta una piccola **oasi in città** in cui farci coccolare ogni volta che ne abbiamo bisogno. La scelta dei suoi prodotti è rigorosamente naturale, il **personale gentilissimo** e il design del negozio vi farà sentire subito come a casa. Tra i trattamenti viso che consigliamo, citiamo il **miracoloso trattamento alla camelia**: provare per credere!

4 Viale Col di Lana 1, 02 89404538 | €€

ZHOR PARFUMS

Tra le boutique alla moda di via Monte Napoleone si trova questa piccola profumeria di nicchia dalla location curata in ogni minimo dettaglio. La scelta dei prodotti è davvero singolare, con **profumi creati artigianalmente e dal packaging speciale**. Tra questi citiamo i prodotti della linea 'The Merchant of Venice', tra i nostri preferiti di sempre.

5 Via Monte Napoleone 14, 02 94750047 | €€€

CAMPOMARZIO 70

Passeggiando per Brera, avrete sicuramente notato questo posto grazioso che presenta una **vasta gamma di marchi beauty tra i più singolari e moderni in circolazione**. Al suo interno vi sembrerà quasi di essere in una gioielleria, per via della cura con cui tutti i prodotti sono posizionati sugli scaffali. Da citare assolutamente, il **profumo per capelli di Memo Paris**, che rientra tra i nostri *daily essentials*.

6 Via Brera 2/A, 02 72095164 | €€€

50 ML

Se state cercando una **fragranza particolare**, che finalmente vi rappresenti e si distingua dai profumi delle catene più tradizionali, dovete fare un salto in questo negozio in viale Monte Nero. Qui, oltre ai profumi, troverete anche **creme e trattamenti per la pelle e per il corpo**, prodotti per la **cura dei capelli,** per lo **styling** e per il **make-up** e una **linea da uomo** ricca di alternative per la cura della pelle e per la rasatura.

7 Viale Monte Nero 16, 02 36532421 | €€€

FRAGRANS IN FABULA

In questo meraviglioso store in corso Magenta troverete profumi d'autore, ma anche **fragranze per l'ambiente**, prodotti per la **toilette**, la **rasatura** e **cosmetici**, tutti a firma o di grandi nomi – tra cui **Floris**, **Perris** e **Mizensir** – o di più giovani realtà super innovative. Qui, infine, potrete anche 'mettervi alla prova' con un **test olfattivo** che, sulla base dei vostri profumi preferiti, vi proporrà nuove fragranze.

8 Corso Magenta 22, 02 80509449 | €€

MIIN COSMETICS

Miin è il primo negozio in Italia di beauty coreano e vende **circa 20 marchi di skin-care e make-up**. Tra i prodotti di punta, detergenti per il viso, sieri anti-età con collagene marino, creme viso idratanti o lenitive, tonici, contorno occhi rassodanti, oli per il corpo, spume detergenti, esfolianti. E poi **essenze**, **balsami**, **bb cream**, **patch**, **saponi solidi** e, naturalmente, un buon assortimento di **maschere** anche in tessuto.

9 Via San Nicolao 2, 02 39560116 | €€

KULT

Una *city spa* studiata per regalarsi un **momento di relax e benessere** in uno dei più caratteristici cortili in corso San Gottardo. In questa piccola ma bellissima struttura, che fino a poco tempo fa portava il nome di Roots, la proposta di servizi è davvero ampia e **unisce i trattamenti estetici di base** più tradizionali come epilazione, manicure e pedicure, a **trattamenti specifici per il viso e per il corpo**. Qui, inoltre, vi sarà possibile acquistare i prodotti della linea Comfort Zone, tra i nostri preferiti.

10 Corso San Gottardo 3, 02 36565508 | €€€

3 SPA DI LUSSO

Spesso la vita frenetica della città ci costringe a ritmi insostenibili. Prendetevi una giornata libera e concedetevi una pausa di benessere nelle spa di questi tre meravigliosi indirizzi che abbiamo selezionato per voi.

ARMANI SPA

All'**ottavo piano dell'Armani Hotel in via Manzoni**, un luogo dedicato al relax e alla cura di sé con una vista bellissima sulla città. È possibile accedere alla (lussuosissima) spa anche solo per mezza giornata o per la giornata intera, e creare combinazioni di trattamenti completamente personalizzati.

11 Via Alessandro Manzoni 31, 02 88838860 | €€€

PALAZZO PARIGI GRAND SPA

Di questa spa, all'interno dell'omonimo splendido hotel e tra gli indirizzi più lussuosi di Milano, raccomandiamo la Royal Hammam Suite: **un angolo di paradiso rivestito di marmo rosa** che ricorda immediatamente i *riad* marocchini, dove potrete regalarvi **una giornata speciale per rigenerarvi**.

12 Corso di Porta Nuova 1, 02 625625 | €€€

BULGARI SPA

Situata all'interno dell'omonimo **hotel**, la spa di Bulgari è un **sogno in pieno centro storico**. Qui troverete i più classici percorsi benessere, ma anche **trattamenti terapeutici**, terapie specifiche per il corpo e per il viso, **ben 4 sale private** e addirittura una **suite per trattamenti personalizzati**. Al termine del vostro percorso beauty, fermatevi a ritemprarvi ulteriormente nel meraviglioso giardino.

13 Via Privata Fratelli Gabba 7/B, 02 8058051 | €€€

SPORT

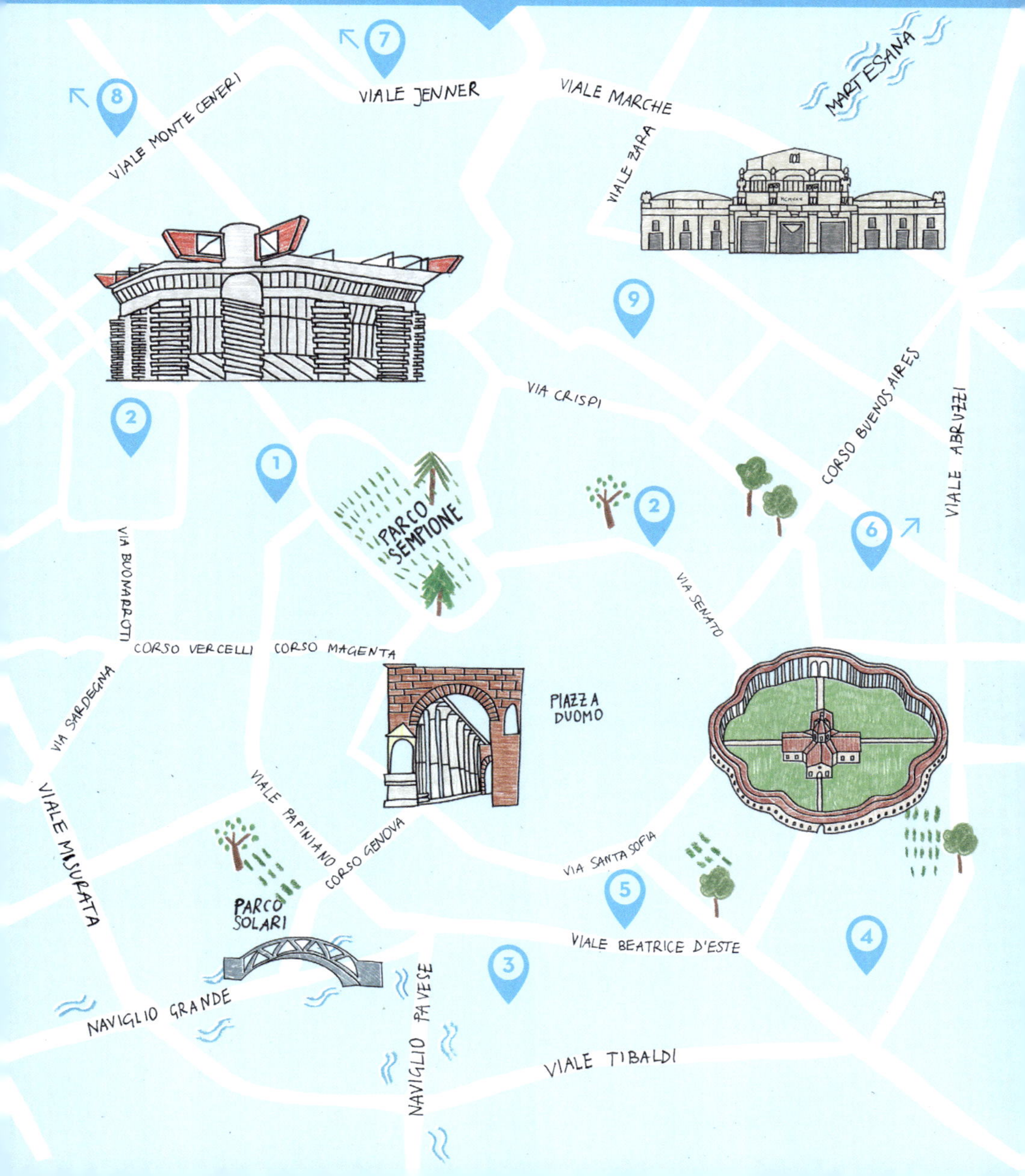
7
8
VIALE JENNER
VIALE MARCHE
MARTESANA
VIALE MONTE CENERI
VIALE ZARA
9
VIA CRISPI
CORSO BUENOS AIRES
VIALE ABRUZZI
2
1
PARCO SEMPIONE
2
6
VIA BUONARROTI
VIA SENATO
CORSO VERCELLI
CORSO MAGENTA
VIA SARDEGNA
PIAZZA DUOMO
VIALE MISURATA
VIALE PAPINIANO
CORSO GENOVA
VIA SANTA SOFIA
5
PARCO SOLARI
VIALE BEATRICE D'ESTE
4
3
NAVIGLIO GRANDE
NAVIGLIO PAVESE
VIALE TIBALDI

MILANOSPORT

Milanosport è una società del Comune di Milano che **gestisce impianti sportivi su tutto il territorio cittadino**, tra cui alcune piscine, come la Cozzi e la Solari, ma anche centri che ospitano al proprio interno diverse discipline, come il centro sportivo Iseo, con campi da calcio e basket, o il velodromo Maspes-Vigorelli, con la sua pista d'atletica. Oltre alla gestione degli spazi, Milanosport è attiva nell'**organizzazione di corsi con un'offerta variegata e a prezzi calmierati**. Da giugno a settembre, inoltre, la proposta è completata dai campus estivi per ragazzi.

Milanosport.it, 02 623451

CITY PADEL MILANO

All'ombra dei nuovissimi grattacieli di Citylife, questa moderna struttura annovera tra i soci fondatori gli ex calciatori Albertini e Casiraghi e offre **6 campi coperti e riscaldati** per organizzare super sfide di padel tra amici. Oltre a un fitto calendario di **lezioni** per adulti e giovani con coach professionisti, vengono organizzate anche esperienze di **team building per le aziende**.

1 Via Anna Maria Ortese, 389 5338032

BARRY'S BOOTCAMP

Siete pronti a **bruciare calorie a tempo di musica su un tapis roulant**? Barry's Bootcamp, format di allenamento nato in California alla fine degli anni Novanta e da qualche anno approdato in Italia, è quello che fa per voi. Nelle sale inondate da luce rossa della sede di via Senato o di quella più recente di Citylife, si tengono corsi di gruppo ad alta intensità con diverse tipologie di workout, che vi faranno lavorare volta per volta sui vari gruppi muscolari. Le lezioni sono acquistabili singolarmente, a pacchetti o sotto forma di abbonamento.

2 Via Senato 36, 02 84040898; piazza Tre Torri 1/L, 02 40706546

MILAN POLE DANCE STUDIO

In questa scuola di pole dance in zona Navigli i corsi sono suddivisi in 3 macrocategorie, a seconda che si tratti di lezioni incentrate sul potenziamento, sulla resistenza o sull'esecuzione di coreografie acrobatiche. Che il vostro **livello sia da principiante o da esperto, qui troverete la classe giusta per voi**. Per iscrivervi potrete scegliere tra la singola lezione o i pacchetti di più lezioni a prezzi scontati, dopodiché non vi resterà che prenotare tramite app mobile o sul sito web… e scatenarvi!

3 Via Col di Lana 14, 02 92863641

MILANIMAL

Il **jiu-jitsu brasiliano** è uno sport da combattimento in cui le tecniche non sono simulate, ma vengono effettuate nel modo più reale possibile. Il **crossfit**, invece, è un workout di gruppo che combina pesi, esercizi a corpo libero e allenamento cardiovascolare. **Sono queste le due discipline, accanto al più classico sollevamento pesi, che potrete praticare a diversi livelli da Milanimal,** centro sportivo in Porta Romana che offre anche delle fasce orarie dedicate a bambini e ragazzi dai 4/5 ai 15 anni.

4 Via Lodovico Muratori 34, 02 87393780

CITY ZEN

La mission di City Zen è quella di **promuovere il benessere olistico** attraverso un'ampia gamma di corsi, che spaziano dalle diverse discipline dello yoga alla meditazione, ma anche con l'organizzazione di workshop, seminari e conferenze di approfondimento, con ospiti italiani e internazionali. Allenandovi da City Zen farete anche una buona azione: **tutti i proventi del centro, infatti, sono devoluti alla Fondazione Francesca Rava**, che aiuta l'infanzia in condizioni di disagio in Italia e nel mondo.

5 Via San Francesco d'Assisi 15, 02 36632090

ZERO-GRAVITY

Il più grande centro in Italia dedicato alle **discipline acrobatiche, agli sport di freestyle e al parkour**. La struttura di 4mila metri quadrati è composta da diversi spazi dedicati a chiunque voglia avvicinarsi a queste attività: ci sono una zona 'Academy' per bambini, ragazzi e principianti e una palestra 'Master' per gli adulti, oltre a un'area calisthenics, una sala pole dance e due sale polifunzionali. Nell'**ampio parco circostante**, infine, trovano spazio anche tre campi da beach volley.

6 Via Carlo Valvassori Peroni 48, 02 22179500

QUANTA CLUB

16 campi da tennis, 2 da mini tennis, 2 da padel, 5 campi da beach volley e beach tennis, terreni di gioco da calcio a 7, calcio a 5 e trisball, una pista da hockey in line e roller e una da running di un chilometro, una palestra da 2mila metri quadrati e 2 piscine o, più in sintesi, **un'immensa oasi dedicata allo sport e al tempo libero nel quartiere Bovisasca**. I campi sono noleggiabili per fare sport liberamente, oppure è possibile iscriversi ai vari corsi in calendario. Per usufruire di alcune zone è necessario diventare soci attraverso la sottoscrizione di un abbonamento.

7 Via Assietta 19, 02 6621611

URBAN WALL

Urban Wall è **una delle strutture di arrampicata indoor più grandi d'Europa**. Le lezioni si rivolgono a tutti, dai più giovani agli adulti, principianti o esperti. Oltre a 2 pareti per un totale di 3mila metri quadrati e un massimo di 17 metri d'altezza, c'è anche un'area dedicata all'allenamento a secco, dotata di travi, pan gullich e molto altro. **Al bar vi aspettano panini, taglieri, primi piatti e ottime birre artigianali**, e se vi manca l'attrezzatura potete acquistarla da Oliunìd, lo shop multimarca ospitato all'interno del club.

8 Via Antonio Gramsci 9, Pero (MI), 02 93549162

BAM

Se volete **praticare sport liberamente all'aria aperta, ma preferite fare qualcosa in più oltre al jogging**, potete usufruire dei circuiti di allenamento messi a disposizione nei parchi cittadini. In particolare alla Biblioteca degli Alberi, **sotto i grattacieli di Porta Nuova**, troverete 7 attrezzi per il potenziamento muscolare, l'allenamento cardiovascolare, l'equilibrio e lo stretching. Tutto questo all'ombra di un cerchio di storaci americani, una delle tante tipologie di alberi del parco, che fa della biodiversità la sua cifra caratteristica.

9 Via Gaetano de Castillia 18-20, 02 45475195

VINTAGE & SECOND HAND

BIVIO

'Tieni solo ciò che ami, porta solo ciò che pensi sarà amato da qualcun altro': questa la filosofia di Bivio, con due punti vendita in **zona Ticinese** e uno in **Porta Venezia**. Qui potrete trovare ottimi prezzi e una selezione di second hand davvero notevole: oltre a grandi classici firmati **Prada**, **Jimmy Choo** o **Bottega Veneta**, largo spazio è dedicato anche a marchi meno mainstream, come **Msmg** e **Alexander Wang** per le maxi felpe, oltre alle proposte pazze come le eco fur in tutte le salse e zeppe maculate firmate **Steve Madden**.

1 Via Gian Giacomo Mora 4 (donna) e 14 (uomo); via Lambro 12, 02 58108691 | €€

IL GIROTONDO

Al Girotondo di via Dugnani andiamo da più di dieci anni per portare tutti i capi di cui ormai siamo stanchi. Il ricavato raramente però rimane nel nostro portafoglio, perché le tentazioni qui non mancano. Se anche quando eravamo giovanissime potevamo uscire con **stivali Sergio Rossi e borse Bottega Veneta**, un po' lo dobbiamo a questo negozio in **zona Solari**, che conta anche su un'ampia zona dedicata al second hand per bambini e a un'area uomo.

2 Via Antonio Dugnani 6, 02 437293 | €€

GIVE AND TAKE

Le *sciure* di zona Conciliazione lo sanno: da Give and Take si possono scovare delle **vere e proprie pepite**, e chi ha voglia di trovare grandi firme a piccoli prezzi viene qui. Ogni capo è selezionato con cura, oltre che essere di marca e in ottime condizioni. Qui abbiamo acquistato diversi abiti per matrimoni, cerimonie e compleanni. *Give and take*, 'dai e prendi': **in tutta onestà, qui abbiamo sempre preso più di quanto abbiamo dato!**

3 Via Mario Pagano 54, 02 36632863 | €€

CAVALLI E NASTRI

Nome illustre del vintage meneghino, di cui è stato senza ombra di dubbi il pioniere. L'atmosfera è la cosa che preferiamo di questo store, insieme alla ricercatezza delle sue proposte. Qui, più che parlare di second hand, si può a buon diritto nominare il vintage, e non è difficile imbattersi in **veri e propri oggetti da collezione**, come **gioielli Chanel**, **foulard Hermès** e **modelli anni Cinquanta di Borsalino**. Oltre all'abbigliamento e agli accessori, si possono trovare anche pizzi, merletti e complementi d'arredo di modernariato.

4 Via Gian Giacomo Mora 3 (uomo) e 12 (donna); via Brera 2, 02 89409452 | €€

AMBROEUS MILANO

Gestito da un gruppo di ragazzi adorabili, Ambroeus vende (e acquista) capi usati e vintage. Qui troverete tantissime chicche e **sul loro profilo Instagram vengono proposti tutti i giorni outfit completi acquistabili in negozio**: perfetto se siete alla ricerca di ispirazioni. Se proprio non passate dall'Isola, sappiate che hanno anche un e-commerce che spedisce in tutto il mondo.

5 Via Pastrengo 15, 02 36592537 | €€

EAST MARKET SHOP

In Porta Venezia ha sede questo simpatico second hand, **costola 'permanente' di uno dei mercatini più famosi di Milano**. Qui troverete tanti prodotti selezionati, tra cui vinilli, Polaroid, capi d'abbigliamento e, soprattutto, una quantità pressoché infinita di Levi's 501. Ma anche piatti, fumetti e videogiochi. Insomma, **un piccolo regno dell'usato (cool) in cui più che fare affari perderete la testa**.

6 Via Bernardino Ramazzini 6, 02 36588037 | €€

LO SPECCHIO DI ALICE

Un po' come Alice nel Paese delle Meraviglie, quando si entra in questo negozio magico si ha l'impressione di **entrare in un mondo parallelo**, fatto di vestiti e accessori vintage, perfetti per regalarvi un look anni Sessanta, ma anche assolutamente attuale. Segnaliamo una **buona selezione di Levi's d'annata**, adatti a tutte le *body shape*.

7 Corso di Porta Ticinese 64, 02 8378969 | €€

NAPOLEONE

Dietro **via Torino**, nel cuore frenetico di Milano, ha sede questo indirizzo, che è **un vero e proprio tempio del second hand in città**. Qui troverete un negozio stracolmo di abiti usati, giubbini in pelle, pellicce e pezzi perfetti per costruire il vostro look super personale. Se poi amate **le salopette e i pantaloni a zampa**, un giro qui ve lo consigliamo a maggior ragione.

8 Via degli Arcimboldi 5, 02 875223 | €€

USATO FIRMATO

Se quello che cercate sono abiti griffati a prezzi ridotti, potete recarvi in una delle due sedi di Usato Firmato, una in **Porta Venezia**, e l'altra in **Porta Romana**. Qui potrete fare affari acquistando abiti e accessori delle griffe più note, senza dover mettere una mano troppo pesante al portafoglio.

9 Via Filippo Corridoni 5, 02 76006539; viale Regina Giovanna 8, 02 20240694 | €€

HUMANA VINTAGE

Stile retrò, tanto colore e un po' di eccentricità: questa è la formula, per noi vincente, di Humana Vintage che, con le sue tre sedi a Milano, una in centro e due in zona Navigli, vi farà probabilmente fare shopping in modo insensato, ma solidale: i **proventi di questa insegna, infatti, sostengono progetti di sviluppo in diverse zone del mondo.**

10 Tre sedi a Milano | €

3 SECOND HAND DI DESIGN

Per dare personalità alla propria casa, a volte quello che serve è qualche oggetto particolare e di design. In questi tre negozi vi sembrerà di essere all'interno di una board di Pinterest.

AL MERCATINO TRA NOI E VOI

In **Porta Nuova** c'è un **bazar stracolmo di oggetti usati e mobili di ogni tipo**, in cui curiosare o da cui anche solo prendere ispirazione. Uscire a mani vuote, comunque, sarà molto difficile: che sia per i magnifici lampadari, le sdraio pazze o i soprammobili certamente diversi da quelli che potete trovare in giro, siamo certi che per qualcosa perderete la testa.

11 Via Giuseppe Marcora 8, 02 29011279 | €€

CRAZY ART

Appassionati di antiquariato, modernariato, collezionismo e curiosità, a rapporto! In questo negozio **a NoLo** troverete **pezzi unici, arredi d'epoca e vintage**, oltre a un personale cordiale e preparato che vi saprà consigliare in modo adeguato o ripescherà qualche chicca appositamente per voi. Rimarrete a bocca aperta davanti alla metà degli oggetti esposti, ve lo garantiamo!

12 Via Merano 18, 02 87392122 | €€

PENELOPE INTERNI

Coni gelato ad altezza uomo da mettere all'ingresso, maxi fenicotteri rosa per arredare quell'angolo vuoto su cui cade sempre l'occhio, amorosissimi pouf in velluto con cui completare il soggiorno, soprammobili improbabili con cui sdrammatizzare arredi troppo classici. In questo **bizzarro negozio in zona Indipendenza troverete pane per i vostri denti** di appassionati di arredi vintage, mobili di modernariato, ma anche pezzi più contemporanei.

13 Via Macedonio Melloni 6, ingresso da via Francesco Guicciardini, 02 39680588 | €€

MILANO BABY FRIENDLY

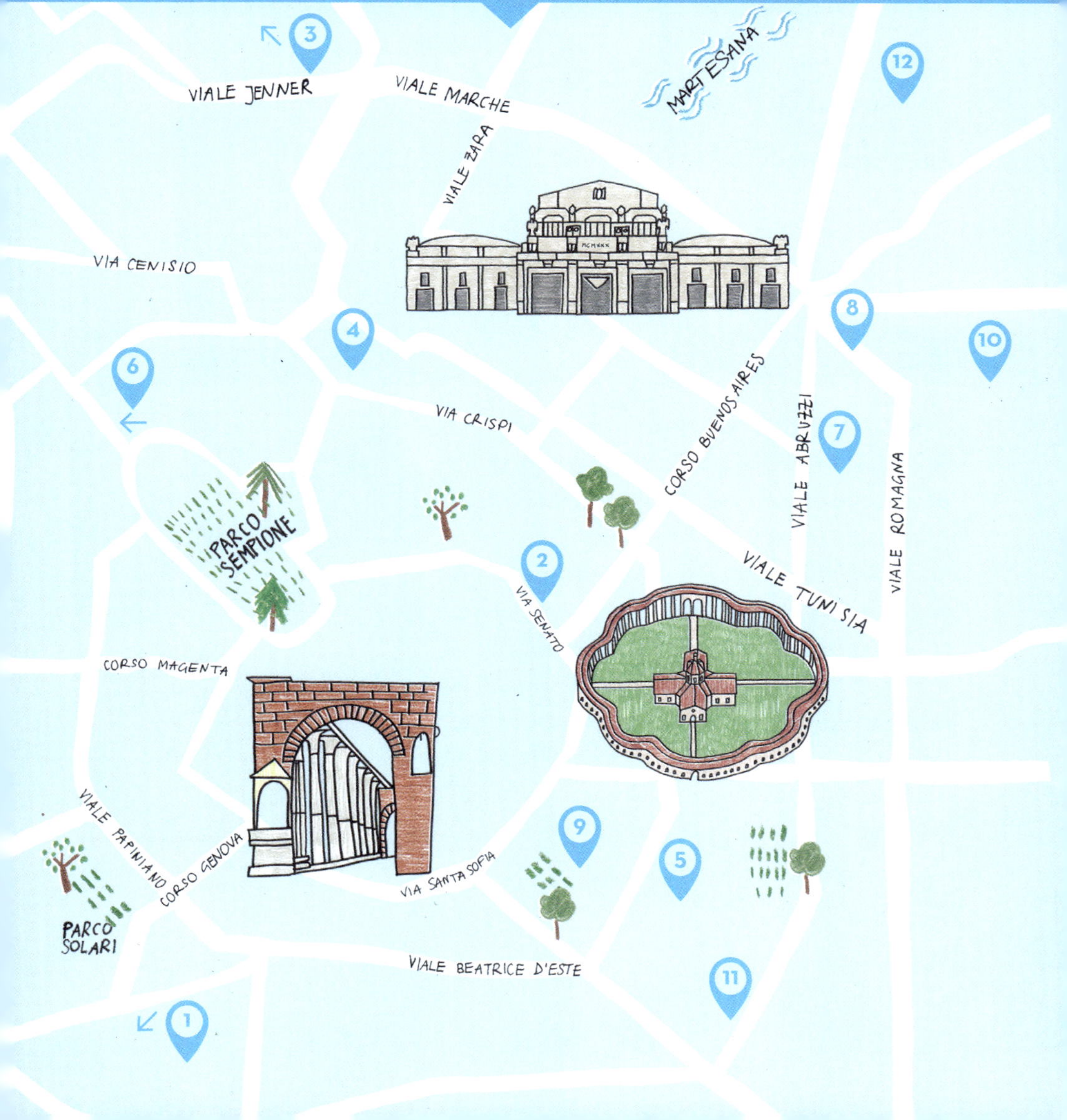

MUSEI PER BAMBINI

Il patrimonio museale milanese è particolarmente ricco e a misura di bambino. Molti musei della città, infatti, sono dedicati proprio ai più piccoli e molti altri permettono agli adulti di godersi una mostra mentre i bambini sono impegnati in laboratori didattici sempre nuovi. Tra tutti, quelli più interessanti e divertenti sono **il Muba, l'Acquario Civico, il Museo Nazionale della Scienza e della Tecnologia Leonardo da Vinci, il Museo di Storia Naturale, il Civico Planetario, la Fondazione Prada**.

BABY BAZAR

Con le sue 36 sedi sparse per tutta Italia, Baby Bazar è ormai **una certezza in tema di second hand per bambini** a Milano, e non solo. La sede meneghina si trova in **via Giambellino** ed è il posto perfetto per tutte le famiglie che desiderano acquistare e vendere abbigliamento, attrezzature e giochi da bambini risparmiando, ma **con la garanzia di un ottimo controllo qualità**. Un consiglio: tenete sempre d'occhio il loro e-commerce, che viene costantemente aggiornato.

1 Via Giambellino 13-15, 02 22221477 | €

GIARDINI DI VILLA REALE

A Milano esiste **un giardino il cui ingresso è permesso agli adulti solo come accompagnatori di minori di 12 anni**. Parliamo della Villa Reale, alle spalle della Galleria d'Arte Moderna. Perfetto esempio di prato 'all'inglese' in contesto urbano, questo giardino vi permetterà di fare dei bellissimi pic-nic e di rilassarvi mentre i bambini potranno scorrazzare indisturbati tra cedri, ciliegi, platani e ammirare anche le bellissime sculture presenti qua e là.

2 Via Palestro, 16

TEATRO DEL BURATTO

Il Teatro del Buratto in **zona Maciachini** è il primo polo di produzione e promozione teatrale dedicato ai giovani di Milano. **I bambini e le loro famiglie vengono accolti con una ricca rassegna di spettacoli, corsi, laboratori** che toccano tutti i generi del teatro per ragazzi, con un'attenzione particolare all'aspetto musicale, pittorico, all'uso del teatro d'animazione (pupazzi, oggetti, forme) e alle tecniche più innovative e coinvolgenti.

3 Via Giovanni Bovio 5, 02 27002476

RASSEGNA ISOLACHENONC'È

Inaugurata nel 2016, la nuova sede della Fondazione Giangiacomo Feltrinelli ospita una sala polifunzionale dove si svolgono numerose attività didattiche e ricreative per bambini e famiglie. Prima fra tutte l'Isolachenonc'è, un percorso di gioco e scoperta tra parole e creatività, **un ricco programma animato da autori, illustratori e artisti** che mettono in scena storie fantastiche attraverso i linguaggi dell'immaginazione **per bimbi da 0 a 11 anni**.

4 Rassegna Isolachenonc'è, presso Fondazione Feltrinelli, viale Pasubio 5, 02 4958341

KIKOLLE LAB

Un centro per la prima infanzia, una sede di laboratori e workshop di arte, lingue e cucina, uno spazio per feste di compleanno e tantissimo altro: questo **centro polifunzionale in Città Studi** è la casa di Kikolle Lab, un progetto che mette i bambini al centro di varie attività meticolosamente organizzate e condotte da un **personale appassionato e super competente**.

5 Via Fratelli Bronzetti 18, 02 36696950

TRENNOLANDIA GONFIABILI

Nel *mare magnum* dei parchi per bambini, Trennolandia è certamente uno dei migliori per **la grande varietà di attrazioni adatte sia ai più piccoli (sotto i 2 anni) sia ai bambini più grandi (fino a 11 anni)**. All'interno del parco di Trenno è presente una grande area all'aperto di 2mila metri quadrati con gonfiabili di varie dimensioni e caratteristiche, casette, macchinine di plastica e una gigantesca struttura centrale dove arrampicarsi e scatenarsi. La sera, la nanna presto è assicurata!

6 Via Cascina Bellaria, 335 8046428

SALINA

Da cinquant'anni Salina è **un'insegna storica per le neo mamme milanesi**. Anche la più esigente o la più confusa riuscirà a trovare in oltre 1.000 metri quadrati di negozio l'articolo che fa al caso suo. I titolari, veri esperti del settore, scelgono con cura tutto ciò che viene messo in vendita, **dall'abbigliamento alle attrezzature di qualità**, e offrono una gamma di servizi per nulla scontata ma molto apprezzata, come **la lista nascita online, il noleggio di tiralatte e di bilance, il servizio di consegna a domicilio** e l'assistenza post vendita degli accessori acquistati.

7 Viale Abruzzi 51, 02 29409287

ARIBAC

Aribac è una **libreria specializzata in pubblicazioni per bambini e ragazzi a Lambrate**, un luogo dedicato ai piccoli e grandi lettori, dove poter scegliere e sfogliare i libri in relax, anche approfittando dell'accogliente caffè adiacente. Uno spazio dedicato ai giovani amanti dei libri e dei racconti dove potersi innamorare della magia della lettura anche attraverso **letture animate, laboratori, incontri ed eventi su vari temi**.

8 Via Nicola Antonio Porpora 61, 02 83424141

SPAZIO MONTESSORI

Non è solo una ludoteca, ma un luogo di gioco e di relazione rivolto ai **bambini nei primi tre anni di vita**. All'interno di spazi organizzati secondo il **metodo Montessori** e funzionali alle diverse fasce di età del bambino, educatrici formate affiancano i piccoli nelle attività scelte sulla base del loro interesse. Tutto questo davanti all'adulto, che partecipa osservando le meravigliose conquiste del suo bambino.

9 Società Umanitaria, via San Barnaba 48, 350 5024430 - 335 8422692

3 RISTORANTI BABY FRIENDLY

Quando si diventa genitori, uscire con i propri figli può diventare un problema. Per questo i locali che hanno attenzioni in più per il benessere dei bambini sono super ambiti. Eccone tre che faranno felici grandi e piccoli.

UPCYCLE

Upcycle cafè, in **zona Città Studi**, è senza dubbio uno dei locali più baby friendly di tutta la città. È un luogo dove si può fare colazione, pranzare, fare merenda o lavorare **mentre i bambini saranno liberi di intrattenersi con i giochi e i libri messi a disposizione** e assaggiare piatti buonissimi di ispirazione scandinava. Il perché di questo nome? Tutto ruota attorno alla bicicletta, intesa come simbolo di attenzione verso l'ambiente e convivialità.

10 Via Andrea Maria Ampère 59, 02 83428268 | €€

CASCINA CUCCAGNA - UN POSTO A MILANO

Un posto a Milano è la cucina, il bar e la foresteria in Cascina Cuccagna, una delle più antiche cascine agricole milanesi. Qui i genitori non devono preoccuparsi di portare **seggioloni** e **fasciatoio**, già disponibili sul posto; **i bambini invece potranno scegliere tra libretti e piccoli giochi** o divertirsi in **un grande prato**, accessibile solo a loro, dove correre e scoprire l'orto della Cascina. Non mancano poi **tanti laboratori e workshop super divertenti**. La cucina è semplice, genuina, fatta con prodotti a chilometro zero, e di certo soddisferà il palato esigente di mamma e papà.

11 Via Privata Cuccagna 2/4, 02 5457785 | €€

RISTORANTE ACQUACHETA

Il **bellissimo giardino** decorato da lucine e lanterne di questo ristorante con braceria in **zona Precotto** è perfetto per i bambini, che qui potranno **giocare indisturbati** sotto i pergolati e gli alberi da frutto. I più grandi, intanto, potranno prendere un aperitivo accompagnato da un tagliere o cenare ordinando **piatti dalle forti influenze toscane**, come gli ottimi pici con fave e pecorino di Pienza.

12 Via Erodoto 2, 02 25713980 | €€

LE NOSTRE GEMME

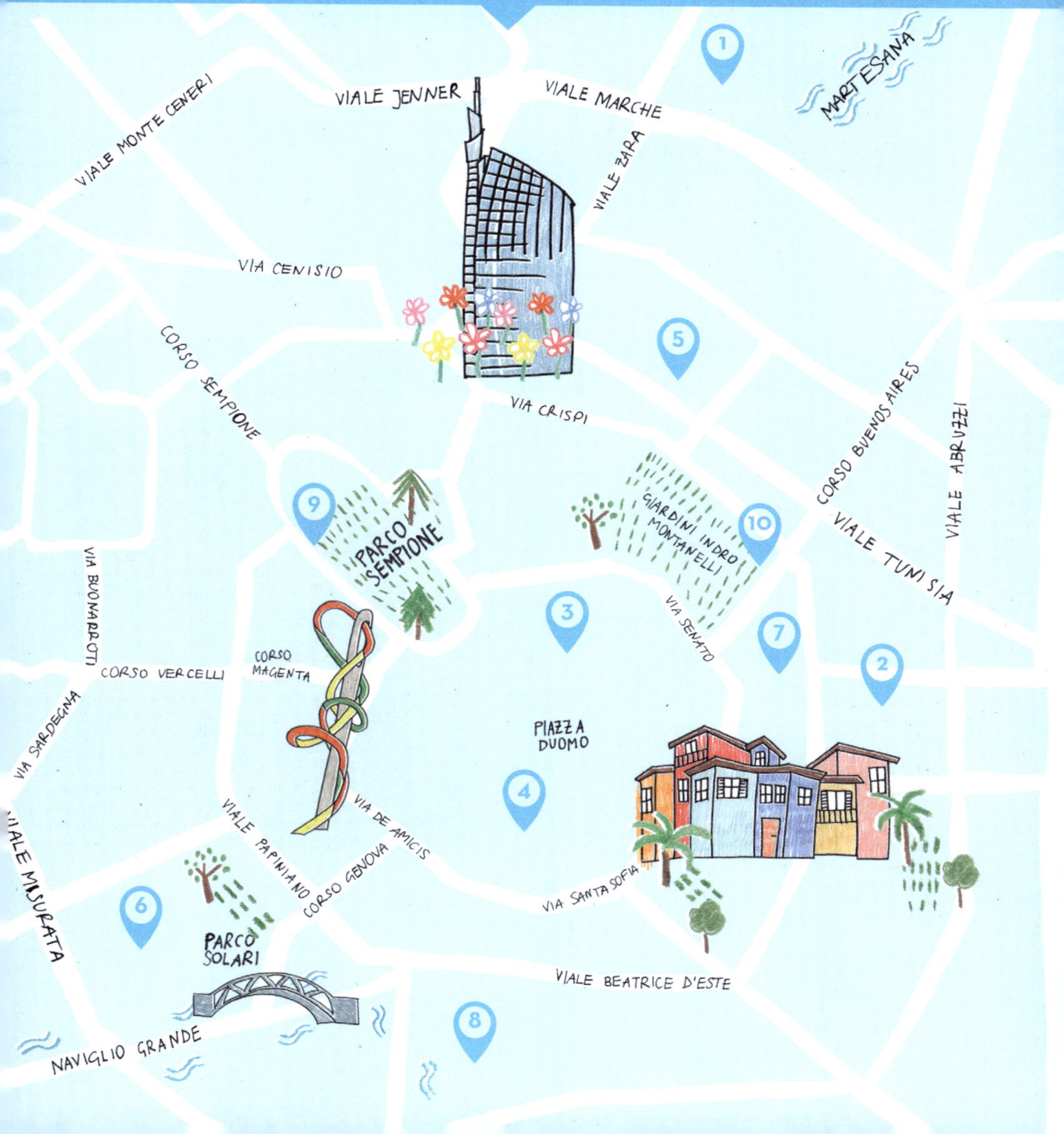

LE CASE IGLOO DEL QUARTIERE MAGGIOLINA

In un distretto principalmente residenziale a nord-est della città sorgono delle abitazioni a dir poco estrose. Sono le 'case igloo', 8 edifici a cupola in mattoncini rossi costruiti nel 1946 su progetto dell'ingegner Mario Cavallè. **La sensazione che danno è quella di non essere a Milano** (e nemmeno in un punto particolare del mondo), ma piuttosto in una **fiaba, un po' grottesca e un po' magica.**

1 Via Lepanto

VIA LINCOLN E LE SUE CASETTE COLORATE

Tra piazza Cinque Giornate e piazza del Tricolore c'è una zona chiamata da alcuni **Quartiere Arcobaleno**, da altri **Quartiere Giardino**, sorta a fine Ottocento per i lavoratori della zona di Porta Vittoria. Negli anni, gli abitanti hanno iniziato ad abbellire l'area, dando vita a una 'sfida' a chi trovava il colore più allegro e brillante per la propria facciata. **Il risultato è un effetto arcobaleno**, reso ancora più speciale dagli alberi in fiore in primavera.

2 Via Lincoln e dintorni

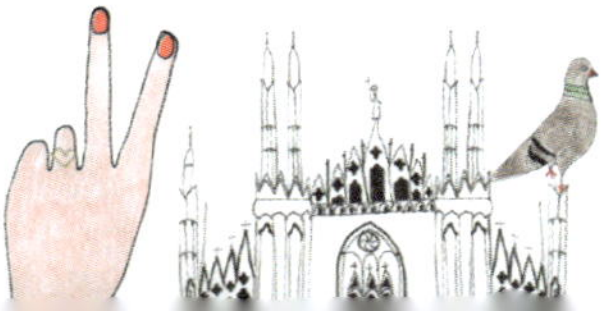

ORTO BOTANICO

Se siete in cerca di un **angolo di natura e silenzio** nel cuore della città, per leggere un libro o riempirvi di meraviglia gli occhi, rifugiatevi all'Orto Botanico di Brera, nascosto tra le mura del **Palazzo di Brera** (anche sede della Pinacoteca). Creato alla fine del Settecento per volere dell'imperatrice Maria Teresa d'Austria, ospita oggi circa **300 diverse specie vegetali**: cespugli di spezie, fiori super colorati, erbe officinali, intere aiuole di salvia e maestosi alberi secolari. La visita all'Orto Botanico è gratuita, e possibile dal lunedì al sabato.

3 Via Privata Fratelli Gabba, 02 50314683

PIAZZA SANT'ALESSANDRO

Questa piazza e la sua chiesa barocca sono **una vera e propria chicca nel cuore di Milano** che, grazie alla loro posizione appartata, non tutti conoscono. Girando l'angolo di via Torino, vi troverete in una piazzetta dall'atmosfera più romana che milanese e che, a prescindere dalle suggestioni, vi trasporterà in un'altra dimensione. Venite quando turisti, lavoratori e studenti saranno andati via, verso le sette di sera, magari concedendovi un aperitivo in uno dei baretti che la popolano. **E lasciatevi incantare**.

4 Piazza Sant'Alessandro

KASA DEI LIBRI

Se i libri sono la vostra passione, la amerete. Ma, verrebbe da dire, la amereste ugualmente. Perché la Kasa dei Libri, appartamento su tre piani nel quartiere di Isola, **è un universo che comprende non solo 30mila volumi**, ma anche opere d'arte e **angoli magici**, oltre a ospitare **eventi, mostre e workshop per adulti e bambini**. A immaginarla e poi renderla quella che è oggi è lo scrittore e professore universitario Andrea Kerbaker, padrone di casa magnetico e generoso. Chi volesse visitare la Kasa dei Libri al di fuori di un evento particolare lo può fare su appuntamento.

5 Largo Aldo de Benedetti 4, 02 66989018

NONOSTANTE MARRAS

Prendi una corte interna di Milano appena dietro al Parco Solari. Prendi uno degli stilisti italiani viventi più visionari. Prendi il suo gusto e trasportalo in una **ex officina che veste gli abiti di showroom, concept store, galleria, libreria, bar, ma anche solo luogo di contemplazione**. Tutto questo e molto altro è il punto vendita milanese di Antonio Marras, creativo sardo che certamente non ha bisogno di presentazioni.

6 Via Cola di Rienzo 8, 393 8934340

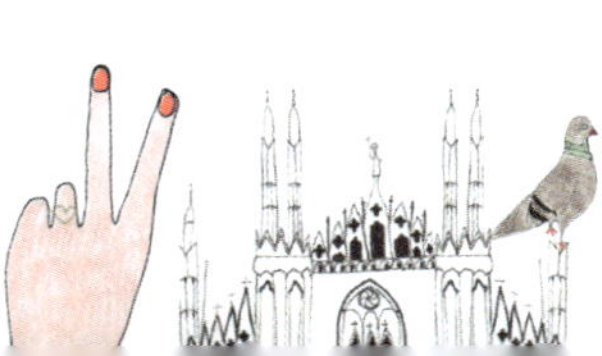

QUADRILATERO DEL SILENZIO

Un tour della Milano liberty è sempre vivamente consigliato: nel cuore della città, tra **via Serbelloni, via Mozart, via Cappuccini e via Vivaio**, si snoda il cosiddetto 'Quadrilatero del Silenzio', un reticolo di tesori e magnifici edifici costruiti nel Novecento, tra cui Villa Necchi Campiglio e Villa Invernizzi con i suoi fenicotteri rosa. La passeggiata che farete, specie se la mattina presto, non potrà che ritempràrvi!

7 Via Gabrio Serbelloni, via Mozart, via Cappuccini, via Vivaio

CORTILI DI CORSO SAN GOTTARDO

Un tempo in questi cortili si conservavano i formaggi, motivo per cui la zona attorno a corso San Gottardo è conosciuta anche come *el borgh di furmagiatt*, il borgo dei casari. Adesso non troverete forme ad attendervi, ma **pittoreschi e verdeggianti cortili su cui si affacciano le case di ringhiera, in pieno stile 'vecchia Milano'**. Ai civici 15 e 18, in particolare, non potrete che rimanere a bocca aperta.

8 Corso San Gottardo

TORRE BRANCA

Se, passeggiando al **Parco Sempione**, alzerete gli occhi al cielo, non potrete non notare la Torre Branca, opera di Gio Ponti che con i suoi 108 metri domina tutta la zona dell'Arco della Pace e svetta, ancora oggi, nello skyline milanese. Un consiglio? Andateci nel tardo pomeriggio e salite fino in cima, per **godervi un tramonto molto speciale** e abbracciare con lo sguardo tutta la città.

9 Viale Luigi Camoens 2, 02 3314120

CIVICO PLANETARIO ULRICO HOEPLI

Racchiuso dai Giardini di Porta Venezia, il Planetario è uno dei luoghi più frequentati dalle classi di bambini, ma anche gli adulti potranno vivere qui qualche ora di magia, **lasciandosi raccontare le stelle e abbandonandosi allo spettacolo del cielo**, con tanto di musiche di accompagnamento. Grado di romanticismo molto elevato, quasi astronomico!

10 Corso Venezia 57, 02 88463340

MILANO LGBTQIA+

MONO

Tra tutti i locali del Rainbow District milanese, in zona Porta Venezia, il Mono è sicuramente il veterano. Aperto dal 2007 all'incrocio tra via Lecco e via Castaldi, oggi è **uno dei luoghi storici in città per la comunità LGBTQIA+** e non solo. Dall'aperitivo in poi si beve tra arredamenti vintage, carta da parati optical e musica ricercata. Nella bella stagione con un po' di fortuna potrete accaparrarvi un tavolino all'aperto.

1 Via Lecco 6, angolo via Panfilo Castaldi, 339 4810264 | €

LECCOMILANO – UN BUCO DI BAR

Da quando ha aperto nel 2014, è diventato **il locale-icona della via più LGBTQIA+ di Milano**, da cui prende anche il nome. Il LeccoMilano inizia ad animarsi all'ora dell'aperitivo, con **cocktail ricercati** e dai nomi insoliti, fino ad arrivare ai dj set. E se tra un drink e l'altro vi viene fame, c'è anche una buona proposta di panini. Bellissimo il dehors sormontato da un piccolo giardino sempreverde.

2 Via Lecco 5, 02 91639877 | €

MEMÀ

MeMà è **uno dei locali più giovani nel Rainbow District**, nonché parente stretto di LeccoMilano, con cui condivide la gestione. A partire dal nome (che in dialetto significa **'mia madre'**), passando per le proposte di food e drink (con tante specialità della cucina siciliana – sì, anche nei cocktail) fino all'atmosfera (scaldata da cactus e aranci), **qui tutto parla di Sicilia**. Potete andarci dalla colazione al dopocena e godervi la bellezza di Largo Bellintani con la sua chiesa di San Carlo al Lazzaretto.

3 Largo Fra Paolo Bellintani 2, 02 92869193 | €

POP – PIECE OF PIE

PoP è **femminista**. E gli piace urlarlo a gran voce con una scritta al neon che campeggia su una delle sue pareti. L'atmosfera qui è rilassata, e il bancone che ricorda le latterie di una volta vi farà sentire **in un ambiente familiare**. Da PoP potrete fare colazione con pane burro e marmellata o pranzare con una torta salata, fare merenda con un *Piece of Pie* o **bere un drink accompagnato dai loro pop-corn fatti al momento**. Dal menu delle birre potrete scegliere tra diverse proposte selezionate tra le produzioni artigianali a chilometro zero.

4 Via Alessandro Tadino 5, 02 82873274 | €

BLANCO MILANO

Un angolo di Baleari nel cuore di Milano: questo locale bianco di nome e di fatto domina la scena dell'intrattenimento LGBTQIA+ cittadino dal 2008, quando nacque proprio da una costola del Blanco Formentera. Dal lato opposto di corso Buenos Aires rispetto al Rainbow District, **il Blanco si inserisce nella bellissima atmosfera liberty di piazzale Lavater**, dove c'è anche la prima panchina arcobaleno della città. Sebbene l'aperitivo sia il momento clou, il locale è aperto tutto il giorno, dalla prima colazione fino a notte fonda.

5 Via Giovanni Battista Morgagni 2, 02 29405284 | €

NO.LO.SO

Come suggerisce il nome, siamo a NoLo, ovvero la **zona a nord di piazzale Loreto**. Questo locale dall'**atmosfera spiccatamente pop** è perfetto per l'aperitivo e si anima soprattutto nel weekend: al venerdì e al sabato infatti ospita **vari dj set** con una proposta che va dal pop all'elettronica. Da qualche tempo, inoltre, No.Lo.So **è anche pizza**: a un paio di numeri civici più in là (al 9 della stessa via) trovate Gianni No.Lo.So Pizzeria, per gustare pizze classiche e gourmet in un ambiente rilassato e friendly.

6 Via Luigi Varanini 5, 375 6370393 | €

LA BOUM

Dopo che l'Arizona 2000 – sede storica di questa serata che da anni movimenta i venerdì milanesi – ha chiuso, in molti temevano che La Boum scomparisse per sempre. Fortunatamente, in quella che è la sede attuale **ai Magazzini Generali** si ritrova quell'atmosfera festosa e divertente che ha reso La Boum una delle serate più apprezzate dal pubblico milanese.

7 La Boum, presso Magazzini Generali, via Pietrasanta 16, 02 5393948 | €

TOILET CLUB

Al Toilet Club non ci sono liste né privé, qui la parola d'ordine è **inclusività**: si dà il benvenuto a chiunque voglia passare una serata in un'atmosfera rilassata e divertente al ritmo delle più grandi hit pop e dance. E poi non c'è confine tra pista e palco: **se pensate di avere le carte in regola per esibirvi davanti al pubblico del Toilet** vi basterà parlare con lo staff e le luci della ribalta potrebbero illuminare anche voi. L'appuntamento è ogni sabato notte al Black Hole di viale Umbria, che nella bella stagione offre anche un giardino per godersi la serata al fresco.

8 Toilet Club, presso Black Hole, viale Umbria 118, 347 1351340 | €

CLUB DOMANI

Il Plastic è uno dei locali che ha fatto la storia del clubbing milanese e da quando è nato, nel 1980, è un punto di riferimento per la comunità queer. **Nel nuovo quartiere cool di Milano**, quello della Fondazione Prada, il sabato notte il Plastic ospita la serata Club Domani: se riuscirete a superare la selezione all'ingresso passerete **una nottata in compagnia** al ritmo di una scelta musicale di impronta house molto ricercata. L'animazione è sempre spettacolare.

9 Club Domani, presso Plastic, via Gargano 15 | €

SPORT E CULTURA LGBTQIA+

Sotto il cappello di **Pride Sport Milano** si riuniscono dieci associazioni sportive LGBTQIA+ per tutti i gusti, dai più classici tennis e volley fino al quidditch, lo sport praticato nel magico mondo di Harry Potter. Se invece volete fare un tuffo nella cultura queer vi consigliamo la **Libreria Antigone**, a due passi da Porta Venezia, dove troverete libri, giochi da tavolo, gadget e sex toys tutti in un unico spazio. Per i cinefili, infine, c'è **il Festival Mix**, la kermesse del cinema della comunità gay, lesbica, trans e queer che si tiene ogni anno nel mese di giugno.

10 **Pride Sport Milano**: pridesportmilano.it | **Libreria Antigone**, via Antonio Kramer 20, 02 2043655 | **Festival Mix**: festivalmixmilano.com

I NOSTRI POSTI PREFERITI

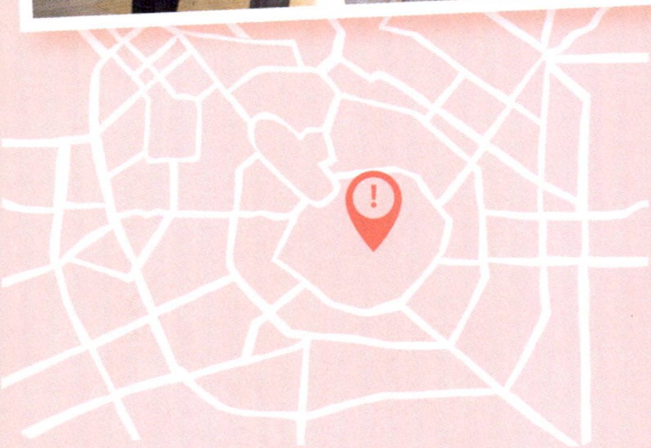

La redazione di *Conosco un posto*.
Da sinistra verso destra: Alice Caprotti, Tommaso Prada, Carlotta Coppo, Dario Cosentino, Caterina Zanzi, Elisabetta De Candia, Viola Bergamo, Giorgia Ferrais, Lucia Brusco.

CATERINA ZANZI: GALLURA

Tra le granitiche certezze a cui sono più affezionata, il Gallura ha sicuramente un posto d'onore: in questo **ristorante sardo** non sembra di essere in zona De Angeli, ma direttamente in spiaggia. **Il pesce è sempre freschissimo**, il servizio cortese senza mai diventare invadente, e **la creatività non eccede mai**, pur assicurando una buona dose di sorpresa ogni volta. Il piatto da ordinare, qui, è la fregola di mare, ma anche tutto il resto è difficile da dimenticare.

Via Vittoria Colonna 50, 02 462896 | €€

ELISABETTA DE CANDIA: MANNA

Ho scoperto Manna con colpevole ritardo, ma da quando ci sono stata a cena sono certa che sarà **la meta per moltissime occasioni speciali**. In questo ristorante si assaggia la cucina italiana di Matteo Fronduti, uno chef all'apparenza burbero, ma in realtà piacevole per trascorrere del tempo chiacchierando a fine cena. Che scegliate le portate più rassicuranti o quelle un po' più speciali, farete **un viaggio meraviglioso e dalla grande personalità**, in un ambiente curato che vi farà sentire immediatamente a vostro agio.

Piazzale Governo Provvisorio 6, 02 26809153
| €€

TOMMASO PRADA: MIRTA

Se esistono i colpi di fulmine per i ristoranti, io l'ho sicuramente provato per questa **piccola trattoria a Casoretto**: ambiente curato ma senza inutili orpelli di design, servizio gentile ma non invadente, porzioni adeguate alla mia rinomata fame e soprattutto sapori decisi e mai banali: il menu cambia spesso, ma cercate di non perdere i **piatti in carpione** (trippa e nervetti), le **carni disossate** (faraona, galletto, oca) e i dolci.

Piazza San Materno 12, 02 91180496 | €€

CARLOTTA COPPO: TRIPPA

Adoro Trippa perché quando leggo il menu mi viene l'acquolina per piatti cucinati con ingredienti che non avrei mai pensato potessero farmi gola. Merito dell'abilità dello chef che, combinando la sua **filosofia 'zero spreco'** a una spiccata creatività, sfrutta appieno la potenzialità delle materie prime utilizzate dando vita a piatti unici e inimitabili, dai sapori intensi ma perfettamente bilanciati. Non mi stanco mai di tornarci, anche per l'**atmosfera vivace e informale** che si respira, e sono stata conquistata subito anche dal nuovo locale di uno dei soci di Trippa, l'**Osteria della Concorrenza** in Porta Venezia.

Via Giorgio Vasari 1, 327 6687908 | €€

DARIO COSENTINO: RØST

Spiccare tra i numerosissimi ristoranti di via Melzo è davvero difficile, ma questo bistrot dal nome scandinaveggiante e dall'**ambiente intimo ed elegante** mi ha sorpreso positivamente per il suo menu composto da **ingredienti che seguono la stagionalità**: verdure come broccoli, zucca, cicoria, ma anche tagli di carne come la bavetta e la lingua vanno a comporre piatti davvero buoni, e pensati per favorire la condivisione tra tutti i commensali.

Via Melzo 3, 344 0538044 | €€

GIORGIA FERRAIS: LOCANDA PERBELLINI

Al bistrot dello chef pluristellato Perbellini sono particolarmente legata perché qui ho festeggiato in famiglia la mia laurea. Complice l'**atmosfera accogliente e raffinata ma mai pretenziosa**, è uno di quei locali perfetti per qualsiasi occasione. I punti forti, poi, sono i prezzi contenuti e una carta essenziale fatta di **piatti semplici della tradizione milanese, e più in generale italiana, reinterpretati con grande creatività.** Da non perdere il vitello tonnato e la millefoglie Perbellini, davvero sublimi!

Via della Moscova 25, 02 36631450 | €€

ALICE CAPROTTI: FACCIO COSE VEDO GENTE

Andrei a mangiare da Faccio Cose Vedo Gente tutti i giorni, se potessi. Qui le specialità sono le tartare, di carne e di pesce, ma non sottovalutate i piatti del giorno, sempre **freschissimi e con quel twist in più**, e le 'gigie', mini tigelle farcite, servite calde. **Si beve bene**, le porzioni sono generose e l'atmosfera è intima e allegra. Serve altro?

Via Giovanni Battista Fauchè 35, 02 49667641 | €€

VIOLA BERGAMO: 4CENTO

Il locale nasce da un convento del Quattrocento che si presenta oggi come un ristorante e cocktail bar in **una delle location più suggestive della città**, anche grazie allo splendido giardino esterno, dall'atmosfera unica. Per me rappresenta il **posto ideale per una serata speciale** nel weekend, lontano dal caos cittadino.

Via Campazzino 14, 02 89517771 | €€

LUCIA BRUSCO: LA CUCINA DE' MIBABBO

Come suggerisce il nome, si tratta di un **ristorante toscano in zona Porta Romana** che, pur rimanendo fedele alla tradizione, propone una cucina moderna e originale. Il menu cambia frequentemente, ma con una grande costante: la fiorentina, davvero ottima! Per me è il posto del cuore, quello dove vai per un'occasione speciale o **dove porti a cena i tuoi genitori quando ti vengono a trovare in città**. L'atmosfera è calda e accogliente e i piatti non deludono mai!

Corso Lodi 19, angolo via Lazzaro Papi,
02 45488997 | €€

RINGRAZIAMENTI

Quando ho pubblicato il primo articolo su *Conosco un posto*, all'incirca sette anni fa, credevo che a leggermi sarebbero stati i miei parenti, gli amici, al massimo qualche conoscente per passaparola. E che il sito sarebbe stato una concentrazione di mie passioni, gusti e interessi. Il milione di clic ogni mese e le 8 voci, oltre alla mia, che raccontano in maniera sempre più variegata di ristoranti ed eventi, mostre e luoghi speciali, viaggi e libri, quartieri e itinerari, mi danno la dimensione di quanto il mio iniziale sogno sia 'diventato grande'.

Merito della costanza e dell'impegno, certo, ma anche di una community che nel tempo ha imparato a rispettarci e conoscerci, fino a volerci bene. Il primo ringraziamento va quindi ai nostri lettori, che ogni giorno ci stupiscono con la fiducia e l'affetto che decidono di concederci: siete senza ombra di dubbio, soprattutto su Instagram, la community che merito.

Grazie, di cuore, alla mia instancabile e appassionata squadra: siete il team che ho scelto e che mi ha scelto e, soprattutto, insieme siamo diventati una grande famiglia. Spero che non ci perderemo mai e che continueremo per sempre con le nostre uscite spensierate, le nostre chat piene di sticker divertenti e l'amore incondizionato per la nostra città.

Grazie a mamma e papà, i miei sostenitori più severi, ma anche i miei preferiti.

Grazie a Vale, per non aver mai sbuffato davanti a un piatto che si raffreddava mentre provavo a fotografarlo.

Grazie a Fede, per avermi sostenuto in questa impresa anche da molto lontano, sopportando le mie ansie e le mie indecisioni fin su Facetime.

Grazie persino a chi non ci ha mai creduto: adesso vi toccherà vedermi anche in libreria.

Infine, grazie al mio editor, Marco, che tra tanti mi ha voluto, ma che alla fine è stato l'unico ad avermi su queste pagine.

Caterina Zanzi

CREDITS IMMAGINI

Tutte le immagini sono state fornite dai singoli locali ed esercizi commerciali – contattati in seguito alla selezione – o sono state realizzate da © Conosco un posto (Caterina Zanzi, Elisabetta De Candia, Tommaso Prada, Carlotta Coppo, Dario Cosentino, Giorgia Ferrais, Alice Caprotti, Viola Bergamo, Lucia Brusco) a eccezione di:

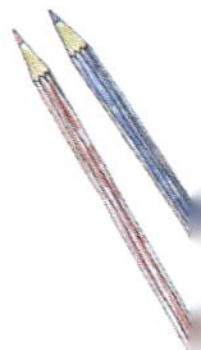

p. 20 sopra © Marco Scarpa - p. 23 sopra © Paolo Picciotto - p. 24 sopra © Paolo Terzi - p. 34 sotto © Carolina Isella - p. 73 sopra © Marco Curatolo - p. 106 sopra © Bellenda Studio - p. 119 sotto © Paolo Terzi - p. 120 sopra © L. Di Meo - p. 132 sopra © Carlo Fico - p. 152 sopra © Stella Bortoli - p. 164 sotto © Carlotta Vigo - p. 168 sopra © Raul Colombi - p. 169 sotto © Andrea Zani - p. 198 sopra © CLOSED - p. 206 sotto © LUDIDAX - p. 208 sotto © Leonardo Duggento - p. 222 sotto © Goldmund100; Wikimedia Commons - p. 227 sopra © Gabriele Zanon - p. 228 sotto © Lucia Iannone aka @frollemente - p. 234 sotto © Micol Ciocca - p. 250 sotto © Bulgari Hotels & Resort - p. 268 sopra © Claudia Pajewski - p. 272 sotto © Simona Bruno - p. 278 sopra © Arbalete; Wikimedia Commons - p. 278 sotto © L'Officina del Planetario

Ringraziamo tutti coloro che hanno collaborato e hanno gentilmente concesso l'autorizzazione a pubblicare il materiale. L'editore è a disposizione di eventuali aventi diritto che non è stato possibile rintracciare, nonché per omissioni avvenute involontariamente o per attribuzioni non corrette.

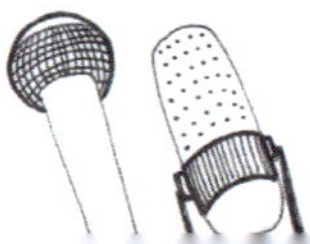

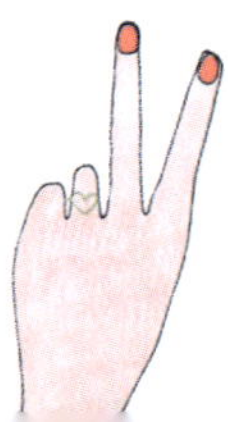

INDICE DEI POSTI

Dimmi con chi mangi

Easy e all'aperto

Di cosa hai voglia

NOTE

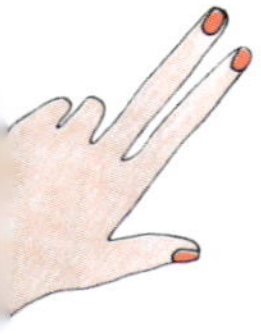

NOTE

Finito di stampare nel mese di settembre 2021
da Grafiche Stella, San Pietro di Legnago (VR)
per conto di Adriano Salani Editore s.u.r.l.

Stampato in Italia